AF344750

La práctica de la terapia como construcción social

MONTABER

Sheila McNamee
Emerson F. Rasera
Pedro Martins

La práctica de la terapia como construcción social

Prólogo de Kenneth J. Gergen

Traducción: Gerardo Di Masso

MONTABER

Colección: Psico·Logos
Director: Adrià Gibernau

Título original:
Practicing therapy as social construction
2023, SAGE Publications Ltd

SAGE Publications Ltd es el propietario de las ediciones originales
en lengua inglesa. Esta traducción se publica de acuerdo con la edición
de SAGE Publications Ltd

La práctica de la terapia como construcción social
1.ª edición, marzo 2024

© Sheila McNamee, Emerson F. Rasera, Pedro Martins
© de esta edición, incluido el diseño de la cubierta, ICG Marge, SL

Edita: Montaber – Marge Books
Brutau, 160 – 08203 Sabadell (Barcelona)
Tel. 931 429 486 – montaber@montaber.es
www.montaber.es

Traducción: Gerardo Di Masso
Edición: Núria Gibert
Realización técnica: Mercedes Lara
Impresión: Safekat, SL (Madrid)

ISBN edición impresa: 978-84-19109-66-8
ISBN edición digital: 978-84-19109-67-5
Depósito Legal: B 6159-2024

El papel empleado en este libro no ha sido blanqueado con cloro elemental (CI_2).

A todos los que nos han precedido en la difusión de
estas ideas y prácticas y a las generaciones futuras
por su creatividad para llevarlas adelante.

Índice

Los autores

Sheila McNamee, PhD, es catedrática emérita de Comunicación en la Universidad de New Hampshire, Estados Unidos, y vicepresidenta y cofundadora del Instituto Taos. Es conocida internacionalmente por sus contribuciones a la teoría y la práctica de la construcción social, centradas en la transformación dialógica en psicoterapia, educación, sanidad, organizaciones e investigación. Es autora de varios libros y artículos, entre ellos *Research and social change: a relational constructionist approach* (con D. M. Hosking, Routledge, 2012), *Relational responsibility: resources for sustainable dialogue* (con K. Gergen, Sage, 1999), y es coeditora de *The SAGE handbook of social constructionist practice* (con M. Gergen, E. Rasera y C. Camargo-Borges, Sage, 2020) y *Education as social construction: contributions to theory, research, and practice* (con T. Dragonas, K. Gerge y, E. Tseliou, Taos WorldShare, 2015).

Emerson F. Rasera, PhD, es profesor de Psicología en la Universidad Federal de Uberlândia, Brasil. Fue presidente de la Asociación Brasileña de Psicología Social y editor de las revistas brasileñas *Psicologia & Sociedade* y *Gerais: Revista Interinstitucional de Psicologia*. Su trabajo se centra en las contribuciones del construccionismo social a las prácticas psicológicas, especialmente en la atención sanitaria, el trabajo comunitario y las cuestiones relacionadas con la diversidad sexual. Sus libros más recientes son *The SAGE handbook of social constructionist practice* (con S. McNamee, M. Gergen y C. Camargo-Borges, Sage, 2020), *Grupo como construção social* (con M. Japur, Editora Noos, 2018) y *Social constructionist perspectives on group work* (Taos Institute Publications, 2015).

 **Pedro Martins, PhD,** es psicólogo clínico. Obtuvo su maestría y doctorado en la Universidad de São Paulo, Brasil. Es cofundador de Intervenciones Terapéuticas, un proyecto en línea que pretende ofrecer a los terapeutas conocimientos honestos y sencillos sobre la práctica. Lo hace a través de medios de comunicación y un curso en línea. Es miembro del Instituto Taos y profesor de varios programas de terapia familiar en Brasil, como el Instituto ConversAções, el Instituto de Terapia Familiar de São Paulo y el Instituto de Terapia Familiar de Minas Gerais. Cree que la investigación y la práctica sobre terapia deben caminar siempre juntas, y centra su trabajo en la comprensión de los procesos de cambio con individuos, parejas y familias en contextos clínicos y de salud mental. Entre sus publicaciones en revistas académicas destacan "Recursos conversacionales para la práctica clínica con familias: construcción social en acción" (con S. McNamee y C. Guanaes-Lorenzi, 2017) y "Family as a discursive achievement: a relational account" (con S. McNamee y C. Guanaes-Lorenzi, 2014).

Prólogo

Desde el momento en que supe de su creación, esperé con impaciencia la publicación de la presente obra. Su predecesora, *La terapia como construcción social,* publicada con mi colega Sheila McNamee en la década de 1990, despertó un gran interés en los círculos terapéuticos de la época. El interés no fue insignificante, como demuestran las seis traducciones continentales posteriores que se realizaron de dicha obra. Fue emocionante, por tanto, saber que Sheila se unía a dos colegas brasileños estelares, Emerson F. Rasera y Pedro Martins, para trazar el curso de estos desarrollos en los últimos treinta años. ¿Qué nuevos giros han surgido en la conceptualización del proceso terapéutico, cómo se relacionan las ideas y las prácticas con las derivas culturales e históricas de la época y, lo que es más importante para este trabajo, a qué prácticas terapéuticas se nos invita ahora?

Se trata sin duda de un texto muy rico, tanto para terapeutas como para académicos e historiadores, ya que los autores ofrecen respuestas teóricas y prácticas a estas cuestiones. Sin embargo, para mí la característica más significativa de esta obra –tanto en términos teóricos como prácticos– es su descripción del desarrollo de las preocupaciones macrosociales o sistémicas. En efecto, la orientación microsocial de la teoría construccionista social ha suprimido la preocupación por el orden macrosocial. En gran medida, el *impasse* ha sido conceptual. Si partimos del supuesto de que las realidades se construyen en el microproceso de nuestra relación, se deduce que la idea de estructuras sociales, clases económicas, grupos raciales, gobierno, etc. son características que pertenecen al imaginario social. Son realidades construidas. Además, es difícil resistirse o cuestionar «el sistema» cuando está simultáneamente en todas partes y en ninguna.

Al mismo tiempo, considerando la sensibilidad ideológica a la que invita la teoría construccionista, existe el impulso de actuar al servicio del cambio social. Podemos estar agradecidos, por tanto, a McNamee, Rasera y Martins, no solo por abordar este problema sino por ofrecer un camino atractivo para avanzar. Como ellos razonan, es el discurso macrosocial el que sirve de punto de apoyo para el cambio social. Es en nuestros diálogos sobre justicia, desigualdad, raza y relaciones de poder donde invitamos a nuevas formas de acción: resistencia, empatía, transformación creativa y más. En efecto, la práctica microsocial de la terapia puede convertirse en un agente de cambio social más amplio.

Aunque arrojar luz sobre la relación entre la terapia y el cambio social reviste una gran importancia, el presente trabajo contiene muchas más riquezas. En este breve prólogo, permitan que me centre en tres temas adicionales que me han parecido especialmente importantes:

- Los autores ponen fin a las arraigadas batallas por el dominio entre las distintas escuelas de terapia y a los efectos paralizantes que esta guerra ejerce sobre la profesión. Por el contrario demuestran cómo una orientación construccionista incluye a todas las formas de práctica. En lugar de luchar por cuestiones de verdad y eficacia, proponen que cada escuela de terapia ofrezca una gama de opciones discursivas. La tendencia común a excluir todas las formas de terapia, salvo la propia, es despojar a la profesión de su potencial. El desafío, por tanto, consiste en comprender de qué manera son eficaces las distintas maneras de práctica conversacional. Cómo funcionan, por ejemplo, para enriquecer, canalizar o ampliar el proceso terapéutico de creación conjunta de significados.

- La batalla por el dominio está estrechamente asociada al ideal biomédico de una cura de aplicación universal. Desde la escuela psicoanalítica hasta la cognitivo-conductual, el objetivo buscado ha sido la eficacia universal. Por el contrario, el presente contenido es inquebrantablemente contextual. Es decir, los autores reconocen que la construcción de significado es un proceso continuo y sin límites en el espectro de aquello que puede ser construido como real, racional o bueno. El discurso de la práctica terapéutica en un contexto cultural o histórico puede no ser aplicable o eficaz en otro. Incluso dentro de la misma cultura pueden existir profundas diferencias en «aquello que les habla» a las variadas vidas de los clientes.[1] Por supuesto, esta orientación contextual respalda el énfasis antes mencionado en la inclusión. No obstante, también representa una firme invitación a la curiosidad y la creatividad. Instalarse en una

---

[1] *Nota de la ed.:* En las aproximaciones construccionistas y humanistas de la terapia, se suele optar por el uso del término «cliente» *(client)* antes que por el de «paciente». Con esta elección se pretende enfatizar que la persona que acude a terapia no es un mero sujeto pasivo, que espera la acción del profesional o experto sobre sus procesos mentales o comportamentales, sino que, por el contrario, quien acude a terapia se considera como un experto de su propia vida, que juega un papel activo y que es el agente principal de los cambios que suceden durante el proceso terapéutico. No implica una relación mercantil, como podría pensarse de la acepción más aceptada de la palabra. Advertimos al lector que, en consecuencia, y manteniendo ese espíritu del texto original en inglés, en este libro se ha traducido *client* por «cliente».

única rutina hace que el terapeuta se vuelva insensible a la diferencia y al cambio. La curiosidad continua es esencial, junto con la voluntad de experimentar con nuevos giros en el flujo conversacional.

- Los autores reconocen plenamente las dimensiones ideológicas y políticas implícitas en la práctica terapéutica. Y aquellas prácticas favorecidas en su análisis serían generalmente reconocidas como liberales en sus objetivos. De hecho, la práctica terapéutica en general suele caracterizarse como liberal en su postura. Sin embargo, los autores son muy cuidadosos a la hora de evitar equiparar con las causas liberales el potencial político de la terapia de orientación construccionista. En efecto, reconocen el carácter construido de los valores –políticos y de otra naturaleza– en la vida social. Incluso la lógica empleada para fundamentar una posición ética o política tiene un origen relacional. Los lectores podrían echarse las manos a la cabeza en este punto y concluir críticamente que para estos autores «todo vale». No obstante, en un florecimiento creativo, los autores abordan una vía mucho más prometedora: la elaboración de una ética relacionada con el potencial discursivo. ¿Qué formas de conversación, se preguntan, pueden permitirnos navegar con éxito por las aguas de la diferencia? El objetivo, pues, es evitar la angustia que resulta de las declaraciones contrapuestas de *lo* bueno, y reconocer y crear formas de diálogo que sostengan el continuo y esencial «malabarismo de las diferencias».

Uno de los aspectos más atractivos de la presente obra es su invitación al lector a que se una a la conversación. En lugar de cerrar el diálogo con ultimátums sobre aquello que es verdadero o bueno, se nos invita como lectores a unirnos para contribuir al avance del diálogo. En mi opinión, del diálogo silencioso con los autores surgieron dos cuestiones importantes. En primer lugar, si la terapia es esencialmente una conversación, ¿es una conversación que marca la diferencia más allá del espacio en el que se desarrolla? Heredamos la idea de la tradición biomédica de que la terapia es un proceso contenido en un periodo o espacio concretos: la curación se origina en la consulta del médico. Pero las conversaciones de la vida continúan más allá de las puertas de la sala del terapeuta. Entonces, ¿hasta qué punto la conversación terapéutica prepara al cliente para una participación viable en el ajetreo de lo que viene después? También podemos «traer el mundo» a la sala de terapia, como se ilustra en las prácticas de diálogo abierto. Pero el mundo sigue girando, al igual que lo hacen los diálogos.

La segunda cuestión se deriva del gran énfasis que pone el construccionismo en el lenguaje verbal. El propio construccionismo se inspiró en gran medida en el giro lingüístico de la filosofía y la teoría literaria postestructural. Sin embargo, el sólido énfasis en las construcciones verbales (o contenidos) desvía nuestra atención del propio *proceso* de cocreación. Y si se trata de un proceso de relación, ¿por qué tiene que ser de conversación? En términos metafóricos, podemos bailar sin pronunciar palabra. Además, ¿por qué este proceso de relación no incluye la participación de condiciones materiales o ecológicas? Apenas podemos bailar si no contamos con suelo ni música. ¿Podemos empezar a pensar en términos de confluencias de consecuencias? Aunque McNamee, Rasera y Martins son claramente sensibles a estas cuestiones, también está claro que la evolución de la teoría y la práctica construccionistas continuará. Como esperan que así suceda los autores de esta obra.

Kenneth J. Gergen

Agradecimiento

Emerson F. Rasera agradece al Consejo Nacional de Desarrollo Científico y Tecnológico (CNPQ) y a la Fundación de Investigación de Minas Gerais (FAPEMIG), ambas instituciones de Brasil, el apoyo y financiación de su investigación.

La práctica de la terapia como construcción social

Capítulo 1

Introducción: la terapia como construcción social

En este capítulo abordaremos:

- La historia de la terapia como construcción social.
- La historia de la construcción social, la teoría de sistemas y la terapia familiar.
- La centralidad e inseparabilidad de los procesos microsociales y macrosociales.
- Resumen del libro.

La historia de la terapia como construcción social

En 1992 se publicó *La terapia como construcción social* (McNamee y Gergen, edición en español de 1996). El propósito de aquella publicación era reunir, bajo una misma cubierta, a varios académicos y profesionales que, de diversas maneras, proponían que entendiéramos la terapia como un proceso de construcción de significado a diferencia de la concepción tradicional de la terapia como la «corrección» de los aspectos *anormales* de una persona. Al centrarse en la construcción del significado, los colaboradores de *La terapia como construcción social* estaban reconociendo que las formas en que atribuimos significado a nuestras vidas y a todas las actividades que realizamos son maleables. En otras palabras, no existe una razón necesaria para describir, por ejemplo, la tristeza, la apatía y la falta de apetito como señales incuestionables de depresión. Esos mismos «síntomas» podrían describirse utilizando otros términos, tal vez como una respuesta razonable ante el fallecimiento de un amigo o de un miembro de la familia, la pérdida del empleo o de la casa o bien la nostalgia provocada por la pérdida de un antiguo estilo de vida. Cada forma de descripción se basa en determinadas tradiciones y comunidades y genera efectos diferentes –posibilidades de entender el mundo y actuar en él– para quienes se rigen por ellas.

Con anterioridad a *La terapia como construcción social*, los colaboradores de esta obra editada en 1992 habían publicado numerosos trabajos, si bien dichos textos estaban repartidos entre diversos libros, revistas especializadas y volúmenes editados. Cada voz representaba a un miembro virtual de una creciente comunidad de psicólogos, psiquiatras, terapeutas y consejeros que cuestionaban la utilidad de la práctica psicoterapéutica estándar. Ese estándar asumía que los problemas eran el resultado de fallos mentales, biológicos o químicos presentes en el individuo. Al reunir estas diferentes voces en un solo volumen se lanzó un desafío a las teorías psicológicas y a los métodos terapéuticos tradicionales. En lugar de considerar la terapia como un proceso de reparación (en la mayoría de los casos de reparación de procesos psicológicos defectuosos), *La terapia como construcción social* propone el proceso terapéutico en sí mismo como el lugar de construcción de cómo uno se conoce y comprende a sí mismo, las relaciones y el mundo.

Mucho ha llovido en el campo de la terapia desde la publicación de *La terapia como construcción social*. Sin embargo, el libro sigue siendo una obra relevante e informativa tanto para académicos como para profesionales. ¿Por qué ha perdurado este libro durante todos estos años en medio de una corriente continua de desafíos culturales, políticos, económicos y sociales? ¿Y cómo debemos considerar el futuro de estas ideas? Estas son las cuestiones que abordamos en el presente volumen. Sin embargo, antes de explorar estas nuevas y apasionantes perspectivas, puede resultar valioso situar de qué modo surgió la terapia como construcción social a finales de la década de 1980 como una alternativa inspiradora para entender las prácticas terapéuticas. La convergencia de dos prometedoras áreas de debate en aquel momento –la construcción social académica y la terapia familiar sistémica– sirvieron a modo de catalizadores críticos de la noción de terapia como construcción social.

La construcción social académica

El concepto de construcción social, como una manera de entender el mundo social, se popularizó en 1966 cuando Berger y Luckmann publicaron su libro, *La construcción social de la realidad*. En dicha obra, los autores argumentaban que aquello que tomamos por realidad/conocimiento ha sido creado de hecho por las representaciones lingüísticas y mentales de las personas y que se desarrollan a lo largo del tiempo. En otras palabras, Berger y Luckmann (1966/1968) estaban desafiando la noción realista de que hay una realidad por descubrir mediante las herramientas adecuadas, las preguntas correctas y explorando en los lugares adecuados. Ellos, en cambio, proponían que la forma en que las personas interactúan tiene una gran influencia en la visión de la realidad que adoptamos. Berger y Luckmann teorizaron que, a través de la interacción social, las personas llegan a compartir una realidad.

La popularidad de esta obra de Berger y Luckmann conservó su vigencia en el contexto académico, principalmente en el ámbito de la sociología. Sin embargo, en el ámbito de la psicología social académica y solo unos años más tarde, las obras de Gergen *Social psychology as history* (1973) y *Toward generative theory* (1978) establecieron las bases de una visión radicalmente relacional de la construcción social que, entre otras cosas, puso en tela de juicio la capacidad de las ciencias sociales para determinar la realidad de una manera objetiva. Por el contrario, Gergen sostiene que quienes estudian el mundo social contribuyen en realidad a su creación, ellos no describen simplemente qué es el mundo social sino que participan de manera activa en la creación de aquello que puede llegar a ser. Y, aunque el énfasis se mantuvo en cómo la interacción social y las tradiciones y hábitos lingüísticos de aquellos que interactuaban permitieron el desarrollo de una «ontología compartida», el construccionismo de Gergen evitó hacer hincapié en las representaciones mentales, un dato que fue fundamental en el argumento de Berger y Luckmann. De este modo, la construcción social de Gergen se considera «radicalmente relacional». La atención se centra en la interacción y no en los procesos mentales.

En las décadas de 1960, de 1970 e incluso hasta bien entrada la de 1980, la construcción social era principalmente un asunto académico con escasa aplicación en la práctica. Los argumentos de Gergen, naturalmente, como se ha observado más arriba, tuvieron unas implicaciones fundamentales en el campo de la investigación académica. ¿Un investigador está «descubriendo» algún aspecto del mundo social o está participando en la construcción de una manera de conocer, una manera de dar significado al mundo social? El construccionismo social presentó un argumento sólido a favor de este último. Con ese objetivo se produjo una implicación práctica de la construcción social: modificó (para algunos) la manera de ver la práctica de la investigación académica. Sin embargo, en estos primeros años, la amplia expansión de las implicaciones prácticas aún estaba por llegar.

Teoría de sistemas y terapia familiar

Durante estos años se inició una corriente paralela de ideas que generaron energía creativa en el campo de la terapia familiar. Los terapeutas, influidos por los trabajos de Gregory Bateson y sus colegas (Bateson, Jackson, Haley y Weakland, 1991), reconocían que los patrones de relación interactivos eran más generativos que los diagnósticos mentales para entender los «problemas». Este trabajo se formula en la teoría de sistemas (Bertalanffy, 1976). El cambio experimentado de una concepción médica de la terapia a una comprensión basada en la práctica comunicativa marcó la transición del examen de aquello que se percibía como psicopatología al examen de los sistemas interactivos. Este énfasis continuó acentuándose, generando evoluciones continuas en las que, por ejemplo, la atención no solo se centraba en los miembros de la familia sino que también se prestaba una atención especial a la forma en que los terapeutas contribuían al desarrollo del proceso de la terapia, lo que se conoce como cibernética de segundo orden (Von Foerster, 1979). La terapia sistémica surgió a finales de la década de 1970 (Selvini, Boscolo, Cecchin y Prata, 1988) a menudo conocida como *terapia sistémica de Milán,* influida por la cibernética de segundo orden y la importancia de que los profesionales incluyeran su propia participación en la conversación terapéutica. Aún queda mucho por decir acerca de la historia de la terapia, en particular si consideramos que surgió en el contexto de una sensibilidad construccionista. En este sentido, se anima al público lector a que explore esta trayectoria en la obra de Lynn Hoffman, *Family therapy: an intimate history* (2001), así como en su libro *Foundations of family therapy* (1987). La terapia sistémica constituyó una fuente de inspiración para numerosas prácticas terapéuticas asociadas, entre las que se incluyen el proceso reflexivo de Tom Andersen (1987), los sistemas lingüísticos de Harlene Anderson y Harry Goolishian (1988), la terapia centrada en soluciones de Steve de Shazer (1995), el diálogo abierto propugnado por Jaakko Seikkula y sus colegas (2001), la terapia narrativa de White y Epston (1993), entre otros movimientos innovadores. El elemento común que se advierte en cada una de estas prácticas es el mismo enfoque sobre el lenguaje y la interacción propuesto por la construcción social. Como podemos ver, la década de 1980 fue una época apasionante tanto para la práctica terapéutica como para el mundo académico. Ambos campos estaban experimentando un cambio de paradigma simbolizado por un alejamiento del enfoque sobre el individuo autosuficiente (Macpherson, 2005; Sampson, 1993) y la creencia en la capacidad del investigador para descubrir la realidad. Fue precisamente en ese momento cuando surgió la idea de la terapia como un proceso de construcción social.

Desafiar la tradición

Los orígenes de *La terapia como construcción social* (McNamee y Gergen, 1996) se remontan a las estimulantes conversaciones que circulaban en la época y que cuestionaban los supuestos tradicionales sobre la naturaleza de la verdad, la objetividad, el conocimiento y el lugar que ocupaban los valores humanos. Para muchos de nosotros, varias ideas fundamentales derivadas de esas conversaciones confluyeron en la posibilidad de considerar que toda nuestra comprensión del mundo emerge de un proceso social, es decir, que se construye socialmente. Se nos invita a cuestionar todo aquello que damos por supuesto y, al hacerlo, adoptamos una curiosidad autorreflexiva sobre todo aquello que asumimos que es real, racional y bueno. Y, si cuestionamos nuestra propia visión del mundo, se nos invita a reconocer la amplia variedad de visiones alternativas del mundo, animándonos de este modo a sentir curiosidad por las creencias y formas de vida de los demás. El hecho de considerar que nuestras ideas están estructuradas socialmente nos ofrece una perspectiva optimista de que juntos podemos crear futuros más viables.

Tomar en serio el argumento construccionista sugiere que cualquier modelo o teoría de la terapia es un proceso de construcción social. Ya no estamos atrapados en debates sobre un enfoque terapéutico u otro; los enfoques terapéuticos no son verdaderos o falsos sino útiles en el contexto donde se desarrollan. En lugar de debatir la categorización psicodiagnóstica, las formas en que los problemas comunes son patologizados, los efectos debilitantes del discurso del déficit en la vida de las personas o la localización de los problemas dentro de la persona, pareja o familia, la terapia podría ser considerada de un modo más fructífero si lo hacemos como un proceso de construcción conjunta. El objetivo no es apoyar el desarrollo de una terapia construccionista social, ya que toda terapia es un proceso de construcción social (es decir, un proceso de construcción de significado). Nuestro argumento se refiere a que las conexiones, distinciones, afinidades e invitaciones a la innovación que han surgido hacen hincapié en la cualidad relacional de la construcción de significados y, por lo tanto, proporcionan recursos valiosos para la práctica terapéutica.

Desde la publicación de *Therapy as social construction* han aparecido prácticas creativas, innovadoras e inspiradoras. En este libro trazamos la evolución de la terapia como un proceso de construcción social dando voz a las innovaciones surgidas en las últimas décadas. Mientras volvemos brevemente a los fundamentos –el argumento de que la actividad terapéutica es un proceso de construcción social de realidades sobre la persona y el mundo– y revisamos las diversas maneras en que una postura construccionista de la terapia ha influido significativamente en este campo, también pretendemos mostrar de qué modo esta comprensión se ha ampliado en varias direcciones que la han hecho aún más sólida en sus implicaciones para los profesionales y para el mundo social.

Aquí ampliamos la concepción original de la terapia como un proceso de construcción social ilustrando cómo nuestras interacciones diarias, a las que nos referimos como el nivel micro de interacción, crean, sostienen, modifican o transforman nuestras creencias sobre el mundo o lo que hemos llamado *discursos macrosociales.* Estos pueden denominarse de muchas maneras: discursos dominantes (Foucault, 2009), visiones del mundo, realidades, órdenes morales, órdenes sociales, creencias y valores. La utilización de estos términos es indistinta.

Abordamos cómo se ha ampliado el enfoque de los procesos microsociales de interacción en la terapia hacia las nociones de personalización, materialidad y relaciones de poder que fundamentan las relaciones terapeuta-cliente, así como sus concepciones del mundo. A continuación se aborda de qué modo la atención dedicada a las condiciones macrosociales han generado nuevos horizontes para la terapia que tenían una presencia escasa en el texto de 1992. Esta atención a los macrodiscursos ha hecho que los profesionales sean más conscientes de que la actualidad mundial tiene una importancia fundamental a la hora de plantearse la actividad terapéutica. Por lo tanto, abordamos cómo los terapeutas han estado tratando temas culturales contemporáneos específicos (por ejemplo, políticas de identidad, injusticia social, medicalización, etc.) desde un punto de vista construccionista.

Mientras analizamos estas cuestiones críticas y contemporáneas nos centramos en la conexión inseparable que existe entre las microprácticas y las macroprácticas. En otros textos (Burr, 2015) se han descrito tanto la construcción macrosocial como la microsocial. No obstante, cada una de ellas se presenta como una elección realizada por un académico, un profesional o bien un investigador. Al presentar los procesos microsociales y macrosocialeas como diferentes se desmonta el argumento básico de la construcción social. Esta situación se produce cuando formulamos la pregunta fundamental: ¿cómo surgen los discursos macrosociales? La respuesta, naturalmente, es que se generan a través de las interacciones microsociales de las personas entre ellas y con su entorno. Si los procesos micro y macrosociales no se consideran como intrincadamente entrelazados nos encontraremos en el atolladero del realismo, donde se asume que los discursos, las visiones del mundo, las realidades completas y los sistemas de creencias dominantes existen simplemente porque son *verdaderos,* una conclusión que constituye un supuesto característico de la modernidad.

Por esta razón en el libro subrayamos el carácter inseparable de los procesos micro y macrosociales, un énfasis que consideramos que debe ser elevado a una posición más relevante en el ámbito de la bibliografía terapéutica. Los trabajos que intentan establecer esta conexión incluyen la terapia narrativa (White y Epston, 1993) y la terapia centrada en las soluciones (De Shazer, 1995), la orientación dialógica-colaborativa (Anderson, 2012a; 2012b), la terapia comunitaria (Grandesso, 2015), el diálogo abierto (Seikkula, Alakare y Aaltonen, 2001), la terapia de la vida cotidiana (Håkansson, 2015), el enfoque de evaluación de patrones interpersonales (Tomm, St George, Wulff y Strong, 2014), y la terapia social (Holzman y Méndez, 2003), por citar algunos ejemplos.

La inseparabilidad de los procesos micro y macrosociales

El mundo ha cambiado en los treinta años que han transcurrido desde la publicación de *Therapy as social construction*. En muchos aspectos, los avances de la tecnología han convertido el mundo en un lugar que es, a la vez, más pequeño y más grande. Es más pequeño en cuanto a nuestra capacidad de conectarnos de manera instantánea con personas que se encuentran en lugares remotos del planeta. Con el toque de un dedo, o el escaneo de un ojo, podemos compartir imágenes, historias, opiniones políticas, recetas, remedios caseros y mucha más información. Gran parte de lo que compartimos contribuye a acercarnos y hace que el mundo se perciba como un lugar más pequeño. No obstante, el hecho de compartir nuestros pensamientos con los demás a una velocidad récord también puede alejarnos, haciendo que los demás —incluso los miembros de nuestra familia y comunidad— parezcan distantes, desubicados y desesperadamente ajenos. Al expresar nuestras opiniones invitamos de manera involuntaria al desacuerdo de otros que tienen opiniones opuestas. Creemos que la proliferación de tecnologías, que se han convertido en una forma primaria de comunicación y conexión, coloca en primer plano cuestiones más amplias de desigualdad, racismo, sexismo e injusticia. No pretendemos que el contenido de este libro sea una diatriba contra las redes sociales o la tecnología. No es nuestra intención exponer una suerte de nostalgia por una época pasada y libre de redes sociales. Antes bien queremos llamar la atención sobre la casi imposibilidad de vivir en una burbuja de creencias afines. Aunque seleccionemos nuestras noticias, nuestras formas de entretenimiento y nuestros «amigos» de las redes sociales en función de visiones del mundo afines, creando de este modo la sensación de vivir en una burbuja de comunión, bloquear la polifonía de voces constituye un verdadero desafío.

Hace años, Kenneth Gergen (2006a) argumentó de forma convincente que con cada desarrollo «tecnológico» –desde el *pony express* hasta los viajes en avión, pasando por los viajes espaciales, las máquinas de fax, los teléfonos móviles, etc.– se hace cada vez más difícil asumir que nuestros valores y creencias *son* los valores y creencias de los demás. Sin embargo, cuando exponer o compartir nuestros puntos de vista se ve impedido por barreras geográficas (por ejemplo, montañas y océanos) y conexiones tecnológicas obsoletas (por ejemplo, el «correo caracol», esto es, el postal tradicional, o las máquinas de escribir), resulta asombrosamente fácil suponer que los valores y creencias que nos rodean son universales. Para la mayoría de nosotros resulta casi imposible lograr un aislamiento semejante de las visiones del mundo.

Cabe señalar que el cambio de paradigma señalado antes se produjo en las décadas previas a la proliferación de Internet. En 1992, cuando se publicó *La terapia como construcción social*, Internet, como una herramienta disponible para casi todo el mundo estaba dando sus primeros pasos. Pensamos que se trata de un factor importante a tener en cuenta ya que reconocemos que el texto de 1992 –que seguía la tendencia de la época– abordaba solo los procesos microsociales. Las voces principales en aquel momento estaban introduciendo prácticas innovadoras centradas en la interacción cliente-terapeuta haciendo hincapié, como ya hemos analizado, en el desarrollo de procesos interactivos y las diferentes formas en las que pueden crear, mantener y cambiar el significado. Si bien en aquella época proliferaban sin duda cuestiones como el racismo, el sexismo y la injusticia, raramente se las consideraba como centrales en el proceso terapéutico.

Sin embargo, al vivir como lo hacemos actualmente inmersos en una cacofonía de voces que opinan sobre cuestiones que van desde cómo ser padres hasta cómo defender la justicia social, la demanda de que los terapeutas consideren estas cuestiones como centrales en el proceso terapéutico se vuelve urgente e inevitable. Por lo tanto, nos preocupa –y mucho– preguntarnos cómo surgen, se mantienen y se transforman nuestros valores y creencias asumidos. Y al explorar esta cuestión, reconocemos que lo que hacemos unos con otros en la más común de nuestras in-

> **Cuadro 1.1. Lo micro y lo macro incluidos en la decisión de cómo utilizar los pronombres personales en este libro**
>
> Escribir un libro es una gran tarea que conlleva múltiples retos. La versión que está leyendo ahora no «nació» en la página de esta manera. Surgieron diferentes reuniones, y quizás cientos de correos electrónicos fueron intercambiados entre nosotros como autores, así como entre nosotros y nuestros editores, hasta que esta versión negociada y final de la «realidad» de *La práctica de la terapia como construcción social* vio la luz. Esperamos que, a medida que vaya leyendo estas páginas, las perciba como un todo coherente ya que, al fin y al cabo, esto

teracciones cotidianas nunca puede ser ajeno a las cosmovisiones más amplias que circulan por el mundo.

Consideramos este reconocimiento como el principal argumento de este libro. Es decir, el reconocimiento de que los discursos macrosociales se construyen a través de nuestros compromisos microsociales. Sin embargo, la mayoría de las veces no somos conscientes de cómo nuestras interacciones microsociales crean, mantienen y, posiblemente, transforman estas visiones macrosociales del mundo. Nuestra ceguera ante la parte que nos corresponde en el mantenimiento de los procesos de opresión, sexismo y racismo nos permite creer que estos discursos son «simplemente como es el mundo». Renunciamos a nuestra obligación de examinar críticamente estos discursos macrosociales y, si procede, transformarlos mediante la transformación de las maneras en que interactuamos unos con otros (véase al respecto el cuadro 1.1).

es lo que los macroestándares de la academia, la práctica y la edición de libros esperarían de una publicación seria. Sin embargo, debe saber que esta versión del libro es precisamente eso, *una* versión, el resultado de múltiples conversaciones a nivel micro con el objetivo de crear un volumen atractivo que consideramos importante. Si se hubiera escrito en otro momento (histórico o cultural), por otra configuración de autores o editorial, usted tendría en las manos una obra diferente.

Con esto en mente, deseamos invitarle entre bastidores para llevar a cabo un pequeño pero muy significativo intercambio que tuvimos en el contexto de nuestra escritura. Nuestra esperanza es utilizarlo a modo de ilustración de cómo están siempre en juego los macrodiscursos y los

(cont.)

microprocesos de negociación de significados y creación de realidades. El contexto de este intercambio es la siguiente frase, que uno de nosotros escribió por primera vez en un borrador anterior del libro.

«Cuando el/la terapeuta habla con su cliente, debe reconocer que el/la cliente trae su propia historia a la consulta.»

Este es el comentario que un coautor hizo respecto del uso de «ella/él» y «de él/de ella» en esa frase.

«¿Qué hacemos con esto a lo largo del libro? Dado que «ellos» es ahora aceptable, podríamos utilizarlo. Pero debo señalar que siempre me parece gramaticalmente incorrecto. Podríamos usar «uno», pero suena muy distante. Por último, podríamos alternar entre él y ella, de manera que, por ejemplo, en un ejemplo utilicemos él y la próxima vez que queramos hacer referencia a un pronombre personal utilicemos ella y simplemente cambiemos de uno a otro. ¿Qué les parece?»

Este comentario suscitó una serie de respuestas entre nosotros, en las que intentamos decidir qué era lo que funcionaría mejor para nuestro libro. Analizaremos este intercambio dentro de un momento. Sin embargo, le pedimos que dedique un minuto a considerar los diferentes discursos sociales que sustentan el comentario (y el dilema que plantea) en primer lugar.

- Cuando el coautor dice que «'ellos' es ahora aceptable», se refiere a los debates actuales en torno a la cuestión relativa al género (que incluyen tanto los estudios académicos como la cultura en general). Estos debates ponen en tela de juicio cómo el uso de los pronombres puede crear inadvertidamente una situación de exclusión para algunas personas (por ejemplo, las que no están de acuerdo con la asignación de género), y por lo tanto deben considerarse con mucho cuidado. La elección de los pronombres también responde a la pregunta de quién es el terapeuta (hombre o mujer) y quién es el cliente (hombre o mujer), ya que a menudo transmite implicaciones relativas a quién tiene el poder, quién tiene la capacidad de cuidar del otro y quién necesita ese cuidado. Este comentario es una respuesta a un debate que está teniendo lugar en términos macroculturales (sobre el uso de los pronombres personales en la prensa) y que no ha sido creado por nosotros, como autores, pero en el que, sin embargo, participamos.

- El coautor aporta luego otro macrodiscurso a la conversación, en el que hace referencia a la gramática y a las reglas tradicionales para ser gramaticalmente correcto en la redacción de un libro. Una vez más, ninguno de nosotros inventó las reglas de la gramática pero, no obstante, forman parte de la construcción de nuestro dilema en este momento.

- En este comentario se incluye asimismo un macrocontexto implícito: como construccionistas sociales, aceptamos la noción de que el lenguaje crea realidades y que describir el mundo de una u otra manera crea efectos diferentes. Ninguno de nosotros creó esta idea, pero la noción de que el lenguaje origina realidades participa, no obstante, en hacer que el empleo de pronombres personales en el libro sea una cuestión seria y que merece ser considerada.

- Como autores, somos dos hombres y una mujer; dos personas homosexuales y una que se identifica como heterosexual. Uno de nosotros posee una aquilatada experiencia trabajando en estudios relativos a cuestiones de género. Todas estas diferencias están sim-

(cont.)

Introducción práctica a la construcción social

Llegados a este punto, nos gustaría compartir lo que creemos que es un resumen accesible de la construcción social. Somos conscientes de que gran parte de lo que se escribe sobre construcción social –incluso en textos introductorios– puede resultar

> plemente «allí» cuando redactamos el texto, pero establecen una diferencia en cómo podríamos entender el asunto que nos ocupa.
> - Por último, como autores, procedemos de diferentes nacionalidades. Por lo tanto, aquello que suena «correcto» podría diferir de manera significativa al leer un texto. Esto es algo que simplemente sucede —haber nacido aquí y no allá— pero que tiene muchas implicaciones en el modo cómo nos enfrentamos al lenguaje.

Como podemos ver, lo que cuenta como un dilema para nosotros en este momento se produce en la voz de uno de nosotros (el autor del comentario) pero no es simplemente su responsabilidad individual: nace de su participación y sintonía con la vida cultural en relación con diferentes temas. Nuestra decisión debe tener en cuenta estos macrodiscursos y sus implicaciones. ¿A qué tradiciones respondemos y a cuáles de ellas desafiaremos con nuestra escritura? ¿Quiénes son nuestros interlocutores imaginarios (usted, el lector) y cómo podemos responder a sus necesidades? ¿De qué manera podemos salir de este enigma que no hemos creado nosotros solos, sino que tiene implicaciones para nuestras vidas?

La respuesta, por supuesto, solo puede originarse en la interacción, que es la negociación de significados a nivel micro. Esto es lo

a menudo abrumador. Esto es especialmente cierto si tenemos en cuenta que la mayoría de nosotros hemos sido adoctrinados en la tradición moderna, en la que se asume que el individuo es la unidad obvia de análisis. En otras palabras, cuando surgen problemas, la tarea del profesional consiste en localizar la fuente del problema (normalmente en la motivación, la intención, la

que hicimos, pues: hablamos entre nosotros, intentando generar ideas diferentes sobre cómo abordar el dilema. No intentábamos «resolver» el dilema de una sola vez. En lugar de ello, nos dimos la posibilidad de explorar diferentes interpretaciones de lo que está en juego y cómo podríamos estar atentos a lo que está en juego en nuestra decisión. Fuimos de un lado a otro considerando distintos escenarios y posibilidades. También invitamos a nuestro editor a participar en la conversación.

Cuando por fin tomamos una decisión, nos dimos cuenta de que no hay una palabra final sobre el asunto, ni una forma de ocuparse de todo a la vez; más bien, tomamos la decisión que nos pareció «suficientemente buena» a los tres en ese momento y esperamos que sea «suficientemente atractiva para nuestros lectores...». Nuestra decisión ha sido eliminar la relevancia de los pronombres personales en este libro mediante el uso indistinto de él o ella. Así pues, cuando utilizamos un pronombre personal en el contexto de este libro no significa que nos estemos refiriendo a una persona de un género determinado (excepto cuando ello se indica de manera explícita); simplemente nos atenemos a los límites de nuestro lenguaje para escribir. Y, lo que es más importante, seguimos abiertos y dispuestos a continuar esta conversación en diferentes contextos.

personalidad, etc., del individuo) y trabajar para «corregir» ese defecto. La prominencia cultural (y mundial) de este punto de vista puede hacer que el cambio de paradigma a la construcción social constituya todo un desafío. Sin embargo, la clave para entender la construcción social es reconocer que actuamos de acuerdo con aquello que creemos que son formas esperadas de actuar. Nos referimos a los valores y creencias asumidos o a los discursos dominantes que nos han inculcado (nivel macro). Nacemos en relaciones –familias, comunidades, culturas– que nos transmiten ideas acerca de «cómo debería ser el mundo» y de «cómo es el mundo en realidad». Y, como nos han enseñado que el mundo es así, rara vez cuestionamos estos valores y creencias y, la mayoría de las veces, no se nos anima a cuestionarlos. Es en este punto donde la construcción social puede ayudarnos. Si cerramos el círculo entre estas formas de ser que damos por hechas y nuestras interacciones cotidianas, no solo veremos cómo surgen los discursos dominantes, sino, lo que es más importante, cómo lo hacen a través de nuestras propias interacciones. La figura 1.1 ilustra la postura construccionista.

Para entender la postura construccionista, podríamos empezar por cualquier punto de la figura 1.1. Sin embargo, comencemos por las interacciones (o coordinaciones) microsociales que encontramos en nuestra vida cotidiana. Se trata de interacciones con los demás y con nuestro entorno. Imaginemos que caminamos por una calle muy transitada en hora punta. Hay multitud de personas moviéndose en múltiples direcciones. O pensemos en un metro o un autobús abarrotados en hora punta, con gente (y animales, cochecitos de bebé y bolsas de la compra) apretujada en el vagón. En ambos casos, la gente se las arregla para negociar su espacio. Rara vez alguien resulta atropellado o herido. La interacción con los demás y con el contexto (calle o metro) está bien coordinada. Ahora piense en usted mismo como viajero (o

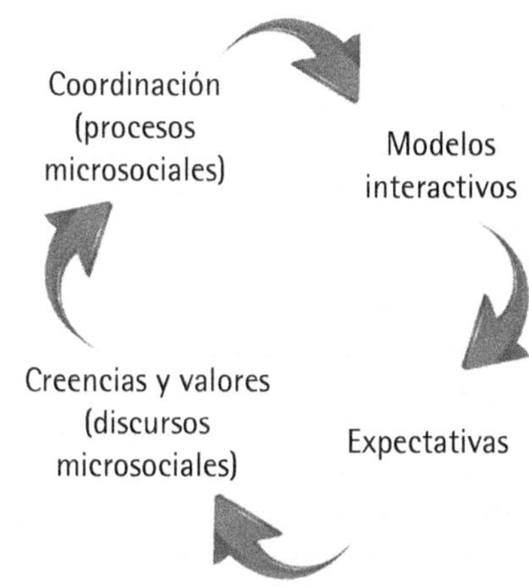

Figura 1.1. **Construir mundos.**

imagínese en los escenarios anteriores). Todos los días, cuando camina por la calle para coger el metro y volver a casa, espera encontrarse entre una multitud de personas. Sabe que el metro estará abarrotado de gente y que habrá poco espacio para moverse. No tarda mucho en adoptar esta pauta diaria de interacción. Y, una vez establecido ese patrón, espera que eso sea lo que sucederá al principio y al final del día cuando se desplaza al trabajo. La expectativa es tan intensa que, cuando tiene que trabajar un día festivo, le sorprende que las calles de la ciudad estén desiertas y que pueda elegir entre varios asientos libres en el metro. En solo unas breves interacciones desarrolla la opinión de que «así es ir al trabajo». Y, además, es muy probable que asuma que así es el trayecto de todo el mundo cuando se desplaza a sus lugares de trabajo. Este discurso macrosocial («así es ir al trabajo») influye en sus interacciones microsociales diarias.

A medida que las personas coordinan sus actividades con otras surgen rápidamente patrones. Estos generan un sentido de normas y expectativas que utilizamos para evaluar nuestras propias acciones y las de los demás. Una vez instaurados estos modos de normalización, se establecen valores y creencias (discursos macrosociales). Así, a partir del simple proceso de coordinar nuestras actividades con las de los demás, desarrollamos sistemas completos de creencias, moral y valores, lo que también llamamos discursos dominantes. Por supuesto, el punto de partida para el análisis de cualquier discurso macrosocial no se limita a nuestras coordenadas relacionales. También podemos explorar las pautas de interacción o el sentido de la obligación (normas y expectativas) que los participantes manifiestan en un momento determinado. También podemos partir de los propios órdenes morales emergentes (discursos dominantes, como muchos los llamarían) y emprender una arqueología foucaultiana del conocimiento (Foucault, 2009), en la que examinemos cómo surgieron originalmente determinados valores, creencias y prácticas (lo que nos devuelve a las simples coordinaciones de personas y entornos en momentos históricos, culturales y locales concretos).

Se trata de una forma simplificada de ilustrar la relación que existe entre las acciones coordinadas, los patrones emergentes, el sentido de las expectativas y la creación de discursos dominantes. En otras palabras, ilustra la intrincada e inseparable relación entre las interacciones microsociales y los discursos macrosociales. La adopción de un enfoque relacional centra nuestra atención en las especificidades de cualquier interacción, al tiempo que nos permite observar patrones a través de las interacciones, el tiempo, el lugar y la cultura. Es importante señalar que, a diferencia de los enfoques tradicionales y propios de la modernidad, la atención no se centra en los individuos, las acciones individuales, las capacidades mentales individuales ni las características individuales y aisladas del contexto. Es más bien a través de esta descripción que podemos observar que los discursos macrosociales que guían nuestras interacciones microsociales (coordinaciones) se mantienen simultáneamente, a su vez, mediante esas mismas coordinaciones microsociales. Entender el mundo social de esta manera representa un ejercicio tanto para que tomemos conciencia de nuestros límites a la hora de construir el mundo (porque dependemos de las acciones de los demás, que están fundamentadas por tradiciones que no pueden cambiarse sin más), como para explorar nuestro potencial en el momento de crear realidades diferentes (porque el mundo no es algo dado, siempre hay posibilidades de cambio en nuestro próximo movimiento).

Por ejemplo, un macrodiscurso común adopta la creencia de que un título educativo avanzado (por ejemplo, un título universitario) es de vital importancia si uno quiere vivir una vida plena y contar con unos ingresos holgados. Es por este motivo que se anima a los jóvenes a proseguir sus estudios superiores (universidad, escuelas de oficios, etc.) una vez finalizada la enseñanza secundaria. A medida que estos jóvenes adultos cursan estudios superiores se mantiene la creencia (discurso dominante) de que las titulaciones superiores son necesarias para disfrutar de una vida de éxito. Sus propias acciones (asistir a la universidad) mantienen viva la creencia dominante. La idea de que «esto es lo que uno debe hacer» se encuentra tan profundamente inculcada en la cultura que si le preguntas a una estudiante por qué estudia en la universidad, lo más probable es que responda: «Porque es lo que se supone que debes hacer después del bachillerato».

También es importante señalar que, dado que cada día nos coordinamos con muchísimas personas diferentes y en muchísimos entornos distintos, participamos en la construcción de múltiples discursos dominantes (véase la figura 1.2).

Y, del mismo modo, no podemos anticipar que los demás comparten los mismos valores y creencias macrosociales que nosotros (véase la figura 1.3).

En otras palabras, una postura construccionista abarca tanto la multiplicidad como la complejidad del mundo social, y reduce el objetivo del acuerdo al enfrentarse a la diferencia y lo sustituye por un intento de alcanzar nuevas formas de entendi-

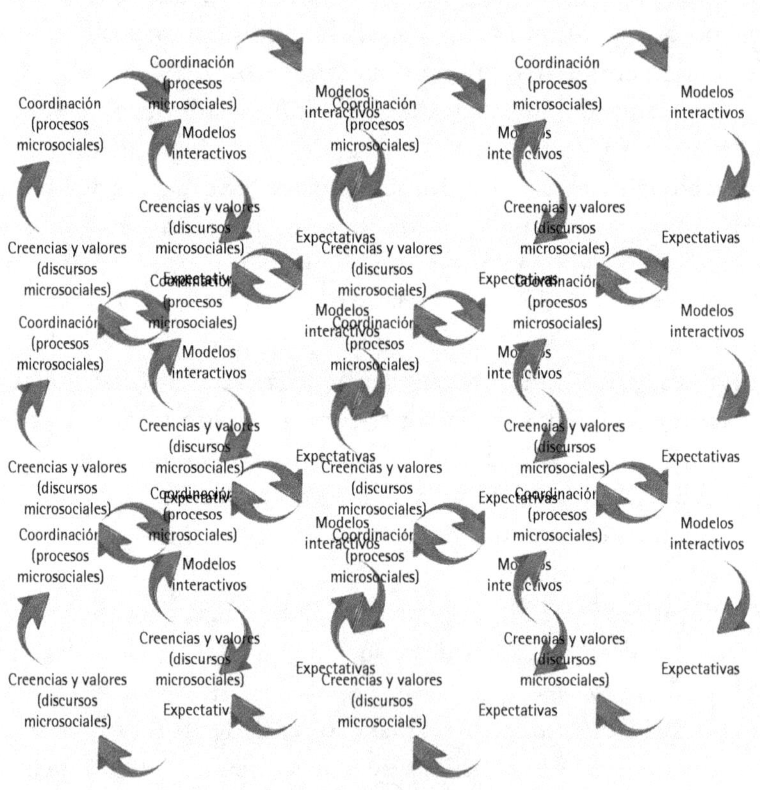

Figura 1.2. **Nuestra inmersión en comunidades discursivas múltiples.**

miento a través de las diferencias. Esta postura de comprensión de la multiplicidad es lo que se denomina *potencial discursivo* (McNamee, 2015a).

Nos gustaría señalar que las visiones del mundo incompatibles, tal y como se representan en la figura 1.3, son inevitables y omnipresentes. La postura construccionista nos invita a ver más allá de las diferencias insalvables y a reconocer que, dentro de cada comunidad, las interacciones cotidianas (coordinaciones) y las creencias macrosociales son completamente coherentes, racionales y consistentes. Solo cuando se mira (se juzga) desde una comunidad discursiva opuesta o alternativa se pueden realizar valoraciones de irracionalidad, inmoralidad e incoherencia. Pero atención: esa irracionalidad, inmoralidad e incoherencia surgen de una visión del mundo que se ha construido a partir de inter-

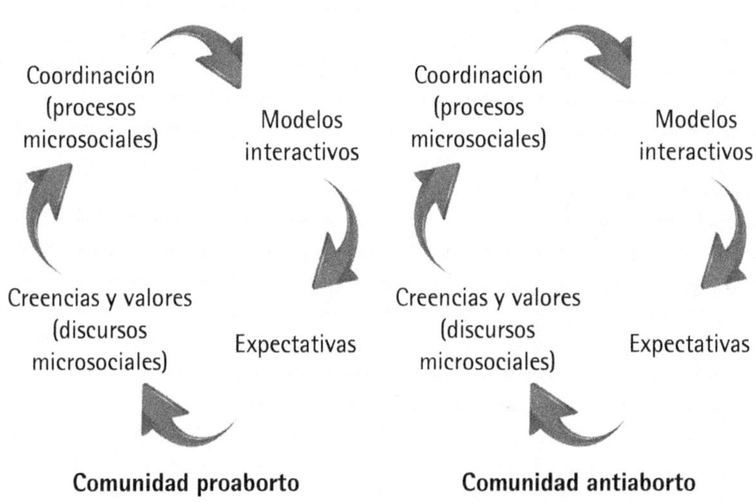

Figura 1.3. Comunidades discursivas opuestas.

acciones y circunstancias muy diferentes. Creemos que esta es la contribución generadora de la construcción social.

En lugar de dirimir entre sistemas de creencias contrapuestos, la construcción social centra nuestra atención en cómo han surgido esos sistemas de creencias. Al examinar conjuntamente los discursos asumidos que circulan en el seno de una comunidad (una familia, una pareja, una organización, una cultura), junto con las interacciones microsociales que se guían simultáneamente por esos discursos macrosociales al tiempo que los recrean, podemos hacer hincapié en la comprensión en lugar del acuerdo. La comprensión conlleva curiosidad por la experiencia

---

Cuadro 1.2. Pasar del acuerdo al entendimiento

Si observamos la figura 1.3, vemos dos sistemas de creencias totalmente opuestos. Cada uno de ellos se enmarca en una comunidad absolutamente coherente: los que están a favor del aborto y los que están en contra. Dado que cada comunidad cree que la otra está equivocada (tal vez incluso que es inmoral), la probabilidad de que ambas lleguen a un acuerdo sobre si una mujer debe poder abortar es muy pequeña, por no decir inexistente. Cuando cada comunidad intenta convencer a la otra de que sus creencias son erróneas, la otra asume una posición defensiva. Los intentos de persuasión se traducen en reproches, acusaciones e insultos.

En lugar de intentar llegar a alguna clase de acuerdo sobre los sistemas de creencias macrosociales, los participantes de cada comunidad podrían centrar su atención en las interacciones mi-

vivida por los participantes, así como por la manera en la que surgen los significados que atribuyen a sus interacciones (véase el cuadro 1.2).

Nuestra atención a la interacción de los microprocesos y los macroprocesos nos sensibiliza hacia una multiplicidad de puntos de vista en lugar de a una respuesta singular, hacia la percepción de cómo nuestros propios valores forman parte inevitable de nuestro compromiso con los demás en lugar de ser profesionales neutrales y objetivos, y hacia cómo la terapia como construcción social abre posibilidades en lugar de diagnosticar y tratar problemas. Estas son las cuestiones que abordamos en los siguientes capítulos.

crosociales. En otras palabras, si los participantes de ambas comunidades sintieran curiosidad por las interacciones cotidianas de unos y otros y por la manera en que esas interacciones —esas relaciones— han dado lugar a esos discursos macrosociales, los participantes tendrían más probabilidades de alcanzar una nueva forma de entendimiento. Pueden (y probablemente lo harán) seguir discrepando entre ellos. Pero su desacuerdo se enmarcará en historias de relaciones personales, conversaciones en curso y pautas establecidas de interacción que dan coherencia a estas creencias.

Si privilegiamos el acuerdo, nuestras posibilidades de mantener involuntariamente el conflicto son elevadas. Si, por el contrario, nos movemos hacia el entendimiento, quizás encontremos la manera de seguir juntos de tal modo que podamos discutir nuestras diferencias con auténtico respeto.

(cont.)

Visión general del libro

En el capítulo 2 hemos introducido el concepto de las «teorías como opciones discursivas». Nuestra preocupación es cómo podemos dar sentido a la gran variedad de teorías de la terapia y de qué manera podemos decidir qué hacer ante esta variedad. Describimos dos enfoques diferentes que intentan responder a la pregunta de qué hacer ante la multiplicidad de teorías relativas a la terapia y sus implicaciones para la práctica. Estos enfoques se originan en argumentos polarizadores que hacen hincapié en la necesidad de evaluar y elegir entre teorías, y del paradigma de los factores comunes que argumenta que los diferentes modelos de terapia funcionan debido a los mismos factores terapéuticos que existen en todos ellos, por lo que nuestra atención debería centrarse en estos factores y no en los modelos. Al reflexionar sobre aquello que consideramos deficiencias de ambos enfoques, presentamos a continuación nuestra propia perspectiva, que sur-

He aquí algunas preguntas que te pueden resultar útiles para plantear a la otra persona cuando se acerque a una visión del mundo distante de la suya:

- ¿Cuándo fue la primera vez que recuerda haber considerado esta cuestión desde este punto de vista?
- ¿Qué sentido tenía para usted en ese momento?
- ¿Qué fue lo que le ayudó a entender entonces aquello que no había entendido antes?

ge del concepto de terapia como construcción social. La terapia como construcción social no está relacionada con lo que uno hace sino con la forma en que las distintas formas de práctica se incorporan a la conversación terapéutica. Esta es la idea principal del libro, que se centra en cuestiones de epistemología (es decir, cómo se construye la práctica de la terapia en las interacciones entre las personas dentro del ámbito social). Reflexionamos sobre las implicaciones de considerar las teorías como opciones discursivas en términos de cómo entendemos la terapia, los problemas y el cambio en contextos terapéuticos, así como sobre los potenciales de esta comprensión para la manera en la que ejercemos la práctica.

El propósito del capítulo 3 es describir lo que significa centrar la terapia en los microprocesos de interacción. Comenzamos reconociendo que este enfoque ha sido de gran valor para este campo de investigación, en particular para ayudar a los profesionales a entender la terapia como una actividad de creación de significado.

- ¿Cómo influye en su vida social creer en este punto de vista? ¿Adónde le lleva creer en eso? ¿A qué grupos y conversaciones cree que pertenece?
- ¿Hubo algún momento en el que haya sentido que esta visión del mundo no le aportaba respuestas significativas? ¿Qué hizo entonces? ¿Adónde acudió en busca de respuestas diferentes?
- ¿Se siente limitado alguna vez por esta visión del mundo? Si es así, ¿qué hace ante esta limitación?
- Si pudiera escoger una cosa para que yo me llevara de esta conversación, ¿cuál sería?

Este enfoque ha dirigido los recursos y las acciones de los terapeutas hacia la creación de: a) contextos dialógicos y b) recursos conversacionales. En lugar de centrarnos en el desarrollo de modelos terapéuticos específicos, utilizamos este capítulo para describir de qué manera los conceptos y recursos originados en diferentes modelos (algunos de los cuales estaban presentes en el texto original de *La terapia como construcción social* (McNamee y Gergen, 1996), y otros que han sido desarrollados posteriormente) pueden contribuir a la comprensión del aspecto fundamental de los procesos microsociales en la terapia, y por lo tanto, al desarrollo de conversaciones fecundas en la sala de consulta.

El capítulo 4 analiza las innovaciones producidas en este campo y que son sensibles a los modos en que los macrodiscursos desempeñan un papel importante en nuestras vidas, así como en nuestras conversaciones terapéuticas. Analizamos cómo los terapeutas pueden responder a los desafíos que plantean los procesos sociales, políticos y culturales dentro de la práctica terapéutica diaria. En este sentido, promovemos prácticas socialmente justas mediante el diálogo y centramos nuestro debate en las desigualdades y la opresión, ofreciendo ayuda práctica a aquellas personas que se encuentran en situación de vulnerabilidad. Examinamos asimismo de qué manera esta práctica puede extenderse más allá de las cuatro paredes de la sala de consulta cuando los terapeutas fomentan las conexiones con la comunidad, ofrecen alternativas a la gestión de los conflictos sociales basándose en enfoques terapéuticos, producen discursos alternativos que resisten la opresión, se comprometen en la participación política y alientan a sus clientes a que también lo hagan. En definitiva, esperamos poder invitarle a reflexionar sobre las formas en que los terapeutas pueden contribuir al cambio social, reflexionando sobre su función como activistas sociales comprometidos en la búsqueda de la justicia social.

El contexto histórico y social es fundamental para nuestra comprensión del proceso terapéutico, y lo es también para la manera de llevar a cabo la terapia. El capítulo 5 examina cómo los terapeutas han respondido a los desafíos planteados por la cultura contemporánea. Basándonos en las ideas del construccionismo social exploramos las consecuencias de la radicalización del debate político y los desafíos de la polarización política; la desigualdad social y la violencia identitaria, especialmente en su relación con la desigualdad de género, el racismo y el heterosexismo, y la presión ejercida por la industria sanitaria en la promoción de terapias basadas en evidencias y la creciente patologización de la experiencia. El análisis de estos desafíos muestra que ofrecen oportunidades para repensar los conflictos epistemológicos y políticos relativos a aquello que cuenta como la verdad y el bien.

La noción de ética está profundamente entrelazada con cualquier práctica terapéutica. En el capítulo 6 exploramos las implicaciones de la terapia como construcción social, ya que fundamenta nuestra conceptualización de la ética como un fenómeno social y relacionalmente construido. Sostenemos que, si bien los conceptos éticos se elaboran a nivel macro en la sociedad, aquello que se considera ético también está siempre en movimiento en cada encuentro clínico (es decir, a nivel micro). Así pues, el tránsito entre estas dos dimensiones es fundamental para una práctica orientada éticamente. Presentamos ejemplos de cómo esta comprensión de la ética orienta diferentes formas de práctica en este campo. Por ejemplo, ¿es ético diagnosticar trastorno de estrés postraumático (TEPT) a alguien que ha sufrido abusos sexuales o ese diagnóstico estigmatiza aún más? En lugar de una guía de conducta ética de «talla única», la terapia como construcción social nos recuerda que, al igual que la propia conversación terapéutica, la ética se elabora localmente en la conversación entre las partes interesadas.

El énfasis que ponemos en este libro sobre la intrincada relación entre los procesos microsociales y macrosociales es un poderoso recordatorio de que todo lo que damos por hecho respecto de «cómo debería ser el mundo» es un subproducto de la interacción entre las personas. Para ello, la mirada del terapeuta se amplía para incluir cuestiones sociales/culturales más amplias. ¿Qué clase de mundo, qué clase de persona, qué tipo de familias estamos creando al entablar una conversación terapéutica? ¿Cómo podríamos colaborar con nuestros clientes para crear formas más útiles de movernos entre la diversidad del mundo?

Resumen del capítulo

En este capítulo hemos intentado proporcionar los contextos históricos, académicos y terapéuticos que han contribuido a nuestra propia conceptualización de la terapia como construcción social. En el siguiente capítulo abordamos el qué y el cómo de la terapia, centrándonos en las teorías como opciones discursivas. Nos preguntamos qué se considera *terapia*, qué se considera *problema* y qué se considera *cambio*.

Capítulo 2

Del «qué» al «cómo» de la práctica terapéutica

En este capítulo abordaremos:

- Diferentes enfoques para entender la diversidad de teorías y modelos terapéuticos.
- La idea de que las teorías terapéuticas son opciones discursivas.
- Las implicaciones de esta idea para nuestra manera de pensar sobre la terapia, el problema y el cambio.
- Las implicaciones que tiene para la práctica esta forma de entendimiento.

El lugar de la teoría en el mundo de la terapia es tan privilegiado como controvertido. Es un lugar privilegiado porque todo terapeuta reconoce que las buenas prácticas están necesariamente conectadas a marcos teóricos bien establecidos. El punto de partida es el supuesto de que no es posible practicar una terapia ética y eficaz sin contar previamente con una sólida base teórica.

También se trata de una cuestión controvertida porque aquello que cuenta como «buena» teoría y las prácticas relacionadas con ella han sido objeto de acalorados debates desde el inicio de la terapia como actividad social. Estos debates giran en torno a dos cuestiones: ¿cómo dar sentido a la gran variedad de teorías de la terapia y cómo decidir qué hacer ante esta variedad?

En este capítulo describimos diferentes enfoques que intentan responder a la pregunta de qué hacer ante una multiplicidad de teorías relacionadas con la terapia y sus implicaciones para la práctica. A continuación presentamos nuestra propia perspectiva, que conceptualiza las *teorías como opciones discursivas*. Asimismo reflexionamos sobre las implicaciones que conlleva considerar las teorías como opciones discursivas en términos de la manera en que entendemos los problemas y el cambio en contextos terapéuticos.

Mil modelos de terapia

A lo largo del tiempo, diferentes modelos terapéuticos han generado diversas formas de práctica terapéutica. Según Strong (2021), un modelo de psicoterapia es una psicoterapia estandarizada y manualizada que determina cómo debe practicarse la terapia basándose en las siguientes premisas: «1) Una explicación teórica de la salud mental; 2) procedimientos definidos y susceptibles de ser enseñados con el propósito de evaluar e intervenir en aquellas preocupaciones relativas a la salud mental que son consistentes con la explicación teórica del modelo, y 3) intervenciones, consistentes con la explicación teórica, que tienen respaldo probatorio y pueden ser probadas empíricamente» (párrafo 2).

Sprenkle, Davis y Lebow (2013) afirman que existen al menos 400 modelos de terapia documentados. En épocas más recientes, Strong (2021) sostiene que una búsqueda en Wikipedia nos muestra más de *mil* modelos diferentes de terapia. Estos modelos pueden ser diferentes en lo que concierne a las explicaciones que ofrecen acerca de la naturaleza de los problemas, el cambio terapéutico y la gente, y es posible que ni siquiera se pongan de acuerdo sobre qué es realmente la terapia. No obstante, habitualmente se sustentan sobre las bases de las siguientes premisas: 1) que el lenguaje representa al mundo y 2) que un buen modelo terapéutico debe estar basado en una teoría que *mejor represente* los diferentes fenómenos que rodean a la terapia como actividad.

Ahora dediquemos un momento a analizar ambas premisas comenzando por la segunda. La imprecisa elaboración de la frase (usando las palabras «los diferentes fenómenos que rodean a la terapia») es intencional. Entre los numerosos y diferentes modelos terapéuticos, no existe un consenso respecto a *qué cuenta como* dichos «fenómenos» (es decir, ¿cuáles son los conceptos que deberían estar definitivamente –sin necesidad de argumentos– «sobre la mesa» cuando hablamos de terapia).

Puede que no haya consenso en todos los modelos sobre el significado de la *terapia* y los conceptos asociados a ella, como problema y cambio. Sin embargo, el uso más común de estos conceptos surge en el contexto de una visión particular del *lenguaje como representación*. En otras palabras, cuando los terapeutas describen la terapia, el problema y el cambio, tradicionalmente entienden sus teorías *como si reflejaran la realidad de la cuestión*. Esta es la noción que damos por hecha del lenguaje que utilizamos en nuestra vida cotidiana. En este caso, el lenguaje se entiende como un conjunto de signos y símbolos que representan objetos del mundo exterior o estados mentales de nuestra vida interior. Desde esta perspectiva, las palabras son tan buenas como su correspondencia con una entidad del mundo. Las prácticas científicas tradicionales se basan en esta visión del lenguaje. En las ciencias físicas, se supone que las observaciones sistemáticas son necesarias para establecer leyes generales que describan el funcionamiento del mundo, y este mismo principio se ha aplicado al estudio del mundo social, incluida la terapia (Gergen, 1973). Aunque este tipo de creación de conocimiento ha creado maravillas en diferentes campos científicos –especialmente en las ciencias físicas y naturales– se ha suscitado un gran debate y crítica sobre la implicación de que tal forma de conocimiento podría (o debería) transferirse sin más al estudio del mundo social (Gergen, 1973; Bruner, 1991; Rose, 2019). Volveremos sobre este punto más adelante en este capítulo. Por ahora regresemos al punto de partida en términos de una concepción *tradicional* de los modelos terapéuticos: el lenguaje representa la realidad. Estos modelos se basan en teorías que representan supuestamente los fenómenos que rodean a la terapia. Las teorías presentan interpretaciones divergentes de aquello que representan los fenómenos, así como interpretaciones también divergentes de las definiciones atribuidas a diversos conceptos. Desde esta perspectiva encontramos dos maneras de abordar la cuestión de los modelos en terapia y de entender esta variedad: argumentos divisorios y el paradigma de los factores comunes.

Argumentos divisorios

Cuando nos enfrentamos a diversos modelos de terapia, el impulso suele ser discernir qué teoría es la válida, cuál es la forma «correcta» de llevar a cabo la terapia. Este debate es tan antiguo como la propia terapia y surge de la noción asumida del lenguaje como representación. Dado que las teorías tradicionales de la terapia hablan de sus conceptos y prácticas asociados como *Verdades*, debemos decidir cuál de ellas representa mejor la realidad. Pero, ¿sobre qué base podemos tomar esa decisión? Consideremos, por ejemplo, el trabajo de una psicoanalista que se inspira en el concepto de inconsciente. A partir del desarrollo de su teoría terapéutica, ella cree que el inconsciente existe; seamos o no conscientes de él, yace en algún lugar bajo la cubierta de nuestros mecanismos de defensa y guía nuestra vida interior. Con esta creencia en la mano, la interpretación terapéutica se concibe como el proceso mediante el cual se produce el cambio terapéutico, ya que trae el inconsciente elusivo al reino de la conciencia. Para ella, esto es real. Es de lo que es *testigo* cada día en su consulta y todos sus colegas psicoanalistas pueden dar fe de esta realidad.

Pero entonces el terapeuta cognitivo se une a la conversación. Dice que sus amigos del departamento de neurociencias han investigado en profundidad la bioquímica del cerebro y ahora pueden confirmar que el inconsciente freudiano no existe. Simplemente existen ideas, problemas y pensamientos de los que una persona no es consciente en un momento determinado de su vida. La terapia, argumentará el cognitivista, trata sobre las creencias disfuncionales que conducen a emociones y comportamientos disfuncionales. Mediante una serie de técnicas, la relación terapéutica ayudará al individuo a cambiar sus creencias por otras nuevas y más funcionales. Esto es real, y no solo el terapeuta cognitivo observa todos los días en su consulta este patrón de creencias disfuncionales que conducen a comportamientos disfuncionales, sino que sus colegas investigadores también pueden dar fe de esta realidad. ¿Cómo podemos dar sentido a estas diferencias? Algunos autores pueden argumentar que deberían resolverse en el plano científico: cada modelo terapéutico debe investigarse para crear así una base de evidencias sobre la que puedan sostenerse las afirmaciones y los tratamientos. Una buena terapia es aquella basada en la evidencia porque esta otorga el estatus de certeza científica a un determinado enfoque terapéutico (Depreeuw,

Eldar, Conroy, y Hofmann, 2017). Sin embargo, en este campo se ha debatido mucho sobre las deficiencias que implica sostener este enfoque terapéutico.

Las críticas a la imposición de criterios basados en la evidencia han adoptado tres formas. En primer lugar debemos abordar la cuestión de qué se considera evidencia y para quién (Larner, 2004). Aunque la mayoría de los profesionales están de acuerdo en que la terapia debe basarse en evidencias, los críticos de esta concepción señalan los defectos que presentan los criterios científicos tradicionales: los diseños de investigación necesarios están demasiado alejados de la práctica clínica del mundo real; el modelo basado en la evidencia no se ha probado en sí mismo y se fundamenta en gran medida en el modelo médico (Crane y Hafen, 2002). En segundo lugar, está la cuestión de los diferentes sesgos ideológicos dentro de la investigación. En este caso, Mantzoukas (2007) sostiene que existen múltiples formas de definir y reconocer las prácticas basadas en evidencias y que los profesionales solo pueden elegir entre ellas apartándose de las ideologías previas por las que ya se rigen. Estas ideologías se crean a medida que las personas participan en la vida social, por lo que no hay forma de prescindir de ellas al analizar aquello que cuenta como buena evidencia. Por último, el criterio basado en la evidencia se cuestiona por motivos epistemológicos. Esta crítica analiza los fundamentos de la ciencia y argumenta que la construcción social de la realidad no puede separarse de los relatos del mundo y, por lo tanto, debe hacerse visible en cualquier debate sobre la realidad y la verdad (Gergen, 1973, 1985).

Estas críticas tan relevantes no pretenden restar importancia a la evidencia sino poner en tela de juicio el estatus de la misma como criterio final para la buena práctica. ¿Qué le ocurre al mundo de la terapia cuando seguimos intentando decidir qué modelo es el mejor? En el mejor de los casos, toleramos la diversidad pero no hablamos a través de nuestras diferencias. En otras palabras, los psicoanalistas reconocen la terapia cognitivo-conductual y viceversa, pero no intentan limar sus diferencias. Sin embargo –y cualquier estudiante que haya accedido al campo de la terapia lo ha experimentado–, el peor de los casos es mucho más común. En este caso, se intenta determinar cuál es la «mejor» (la correcta) orientación terapéutica. Este movimiento invita a la división y a los intentos de desacreditar las alternativas. Como ha descrito McNamee (2004a), el uso del modelo tiene prioridad independientemente de la relación terapéutica, porque el modelo se basa en una teoría que representa la realidad (¿pero la realidad de quién?). Además, existe una sensación de aislamiento entre las distintas formas de práctica, así como una sensación de evaluación y desconfianza constantes entre los profesionales. Las conversaciones profesionales se atascan y los clientes suelen quedar atrapados en medio de nuestras batallas profesionales en la búsqueda de la verdad.

Factores comunes

El paradigma de los factores comunes ofrece una alternativa con la que se pretende superar la divergencia planteada entre diferentes modelos terapéuticos. Según los autores asociados a este movimiento existen factores subyacentes que deberían estar presentes en los distintos modelos, y son precisamente estos los que hacen que la terapia tenga éxito. Hay dos formas de definir los factores comunes. La definición «estricta» los considera como aspectos de las intervenciones que pueden encontrarse en los distintos modelos bajo diferentes etiquetas o nombres. La definición «amplia» incluye otras dimensiones del tratamiento, como las características del terapeuta, del cliente y de la relación. Lo más importante, sin embargo, es que los factores comunes se contraponen a los factores específicos que los modelos terapéuticos utilizan para explicar sus procesos de cambio (Sprenkle, Davis y Lebow, 2013).

En este caso, la explicación específica de cómo funciona un modelo pierde prioridad y, en su lugar, un modelo se conceptualiza como una modalidad de «prestación» diferente basada en los mismos factores comunes. En otras palabras, independientemente de aquello que los modelos conceptualicen como terapia, problema y cambio (los conceptos clave), el mecanismo a través del cual funciona la terapia es siempre el mismo. El supuesto es que las particularidades de cada orientación no deben ser ignoradas, pero el foco debe estar centrado en los esfuerzos que se realizan para desarrollar aún más de qué manera se cumplen los factores comunes (Fife, Whiting, Bradford y Davis, 2014).

En nuestra opinión, se trata de una opción infinitamente mejor que la primera, en la que se intenta determinar qué orientación es la mejor (o la correcta). El enfoque de los factores comunes, en contraste con la lucha por determinar el modelo «correcto», no pretende eliminar la diversidad. De hecho, Sprenkle, Davis y Lebow (2013) defienden una visión moderada de los factores comunes, que no sugiere que los modelos no sean importantes; más bien, los modelos deben valorarse, aunque su función más importante es ofrecer factores comunes. Esta apreciación de la diversidad es muy bienvenida. Sin embargo, no creemos que sea suficiente para responder a cómo debemos dar sentido a la multitud de modelos terapéuticos. Cabe señalar que las premisas de los «factores comunes» también están arraigadas en la tradición investigadora que entiende el lenguaje como representación del mundo y que trata de establecer *cuál es la verdad entre los diferentes modelos.*

Al imponer los factores comunes a todas las modalidades terapéuticas se ignora la concepción original que fundamenta cada modelo. Consideremos el ejemplo hipotético de un momento específico de una sesión terapéutica. El cliente mira a su terapeuta, con lágrimas en los ojos, y le dice: «Gracias por todo lo que hace por mí». Imaginemos que el terapeuta es un psicoanalista que ahora informa de este momento a su supervisor. Desde su perspectiva psicoanalítica, el terapeuta y el supervisor entienden que este momento es una prueba de que la «transferencia» cliente-terapeuta (Freud, 1976) (es decir, la reorientación inconsciente de los sentimientos del cliente hacia el terapeuta) está en marcha. El concepto de transferencia es fundamental para la forma en que el psicoanálisis entiende el funcionamiento de la terapia y, por lo tanto, el hecho de que el terapeuta y el supervisor vean que esto se produce en la sesión les ofrece muchas ideas potenciales sobre cómo debe desarrollarse el tratamiento.

Ahora imaginemos que analizamos la misma relación terapéutica desde la perspectiva de los factores comunes. Se podría argumentar que la afirmación del cliente a su terapeuta es una prueba de que existe un vínculo en la relación terapéutica. El vínculo es uno de los factores comunes originales descritos y se refiere a la naturaleza del afecto en la relación terapéutica (Bordin, 1979). En el caso que nos ocupa el hecho de concebir la interacción terapéutica a través de las lentes de la «transferencia» o el «vínculo» nos invita a una comprensión diferente de la terapia. ¿Sobre qué bases se podría afirmar que lo que ocurre realmente debe llamarse «vínculo» y no «transferencia»? Creemos que no hay bases objetivas para hacer ninguna de las dos afirmaciones. Las distintas teorías plantean preguntas, conceptos y focos de interés diferentes. Por lo tanto, una multiplicidad de descripciones siempre estará en el centro de la terapia y debemos tener cuidado de no aplanar esa multiplicidad en singularidad, fomentando un lenguaje privilegiado. Las diferentes descripciones proporcionadas por las teorías nos invitan a diferentes construcciones de la realidad. Esta es la base para entender la terapia como una construcción social.

Una concepción diferente del lenguaje y la teoría

Dados los problemas planteados previamente (a saber, que no existe un conjunto objetivo de criterios con los que juzgar las orientaciones competitivas de la terapia y que el empleo del enfoque de los factores comunes no nos aporta una forma clara de afirmar que los factores comunes proponen *el único y mejor lenguaje* para describir la terapia), recurrimos a la terapia como proceso de construcción social. La terapia como construcción social se centra en una comprensión epistemológica de los modelos y las prácticas. Se basa en una comprensión del *lenguaje como acción* y que difiere de la comprensión más tradicional del lenguaje como representación. Desde este punto de vista construccionista social, el lenguaje no se limita a representar el mundo sino que es constitutivo de los múltiples mundos que habitamos (Gergen, 1973, 1985; McNamee, 2004b).

Cuando Gergen (1985) articuló por primera vez el movimiento construccionista social en la psicología moderna defendió que «lo que tomamos como experiencia del mundo no dicta los términos por los que se entiende el mundo» (p. 266). Su argumento se basaba en que las diferentes descripciones del mundo no surgen de la observación neutral sino de procesos sociales de coordinación. A través de estos procesos se crean convenciones lingüísticas que luego se dan por hechas como representaciones del mundo. No hay nada en la «personalidad», por ejemplo, que exija que la llamemos personalidad. Distinguir la personalidad de los rasgos de carácter es un subproducto del lenguaje negociado. Al nombrar algo nos unimos a una tradición de uso del lenguaje que ha surgido en el curso de la interacción social.

Sin embargo, Gergen explica que no existe un criterio objetivo y definitivo para determinar si una lengua se adapta mejor al mundo que otra. La posibilidad misma de observar el mundo está guiada por las categorías lingüísticas de que disponemos. Las palabras, los conceptos, las teorías o cualquier otro dispositivo lingüístico que nos ayude a comprender el mundo son «artefactos sociales» (es decir, productos de una interacción social que se sitúa en tradiciones culturales e históricas concretas). El potencial que tienen estas palabras para actuar en el mundo está directamente relacionado con lo bien que las coordinan y sostienen las comunidades de personas cuando dan sentido al mundo.

Por último, dado que la descripción del mundo no puede realizarse desde una «visión divina» neutral, la construcción social está interesada en comprender de qué modo se coordinan las diferentes descripciones, cuáles son sus efectos en las vidas de las personas que se coordinan en torno a estos conceptos, y cómo podríamos recurrir a diferentes descripciones y explicaciones que puedan generar realidades diferentes y más útiles en un momento determinado si ese fuera el caso.

En este punto, la formulación de Goodman (1975) es esclarecedora: «Si pregunto por el mundo, puede ofrecer decirme cómo es según uno o varios marcos de referencia; pero si insisto en que me diga cómo es al margen de todos esos marcos, ¿qué puede decir?» (p. 58). Es una pregunta retórica que señala que nunca podremos conocer el mundo fuera de los marcos que hemos construido. Como ha argumentado Wittgenstein (2009), las palabras solo adquieren su significado en su uso dentro de las convenciones del lenguaje. Siguiendo el mismo argumento, Andersen (1996) sostiene que «el lenguaje no es inocente», porque las descripciones del mundo tienen implicaciones sobre lo que consideramos que es el mundo. Cuando describimos el mundo, lo creamos de formas particulares y esto tiene implicaciones en cómo vivimos nuestras vidas. Según Bruner (1991), en lugar de preguntarnos si una teoría concreta es acertada, necesitamos preguntas más «pragmáticas, perspectivistas», como por ejemplo

«¿Qué supondría creer esa frase?», o «¿A qué me estaría comprometiendo si la creyese?» (p. 40). Desde esta perspectiva del lenguaje llegamos al punto de considerar las teorías terapéuticas como opciones discursivas.

Teorías terapéuticas como opciones discursivas

Cuando entendemos la terapia como construcción social, no consideramos las teorías y los modelos terapéuticos como representaciones de la realidad. En su lugar, nos interesa comprender cómo se construyen los propios modelos terapéuticos. ¿Cuáles son sus raíces históricas? ¿Cuándo, en qué contexto y bajo qué circunstancias surgió cada orientación? ¿Cuáles son las cuestiones sociales que cada modelo intenta abordar? Y, lo que es más importante, ¿qué debates académicos y conversaciones ordinarias entre profesionales han dado origen a estas orientaciones? En este punto debemos subrayar que no se ha descubierto ninguna teoría terapéutica. Todas las teorías terapéuticas son el subproducto del compromiso social; se crean dentro de las comunidades, en momentos concretos. Cada teoría y práctica surge de las acciones coordinadas dentro de una comunidad determinada. Por lo tanto, cada modo de práctica terapéutica constituye una realidad específica, con sus propias interpretaciones sobre «qué es el caso» y «cómo debemos relacionarnos/practicar» con lo que es el caso. Estas concepciones y prácticas –lo que Wittgenstein (2009) denomina «formas de vida»– son coherentes internamente, pero no necesariamente entre modelos. Dicho de este modo, estamos en posición de preguntar: ¿Cuál de las diversas orientaciones de la terapia podría ser útil en este momento para esta persona/pareja/familia?

La terapia, considerada como un proceso de construcción social de la comprensión del propio mundo, libera a los profesionales de la confrontación con el viejo dilema de identificar la teoría o forma de práctica «correctas». La terapia como construcción social nos invita a superar la disputa entre modelos de terapia con el fin de discernir cuál es el «mejor». La terapia como construcción social también nos invita a abandonar el intento de encontrar factores comunes subyacentes en cada teoría/modelo. En su lugar, nos invita a sentir curiosidad por saber cómo se construyen de forma diferente las nociones de terapia y las prácticas asociadas dentro de las distintas comunidades, y qué tipos de «mundos sociales terapéuticos» –plenos de conceptos, comprensiones, formas particulares de comunicarse y de ser, técnicas, recursos, etc.– se crean.

Cuando hablamos y practicamos en los términos de una teoría concreta, se crean realidades diferentes. Desde esta perspectiva, podemos ser «promiscuos» (es decir, estar dispuestos a mezclar cosas diferentes en nuestras investigaciones y prácticas) porque estamos abiertos a contemplar la utilidad de cada modelo a medida que se coordina en nuestras prácticas. Nuestra atención se desplaza de lo que las teorías dicen que debería ocurrir a cómo se practican realmente: cómo se elaboran las diferentes teorías y recursos en la conversación y qué tipo de efectos se crean cuando se utilizan (McNamee, 2004a).

En lugar de considerar las teorías como ideologías enfrentadas, la terapia en tanto que construcción social concibe *las teorías como recursos conversacionales*. Cada teoría, como recurso para la conversación terapéutica, podría ayudarnos a responder a la pregunta de cómo podríamos coordinarnos para introducir un futuro deseable y avanzar en nuestras conversaciones. Cada teoría puede ser *potencialmente* útil en contextos específicos a medida que clientes y terapeutas elaboran conjuntamente significados sobre sus vidas (McNamee, 2004a). En lugar de comparar, contrastar y rebatir diversos modelos terapéuticos, la terapia como construcción social centra nuestra atención en comprender cómo se coordinan los distintos modelos para llegar a existir. Nuestra atención se desplaza hacia el lenguaje utilizado para describir las actividades terapéuticas dentro de comunidades específicas.

Así pues, la terapia como construcción social no proporciona *un nuevo modelo de práctica,* sino que nos lleva a entender los modelos terapéuticos como opciones discursivas, razón por la cual nuestro enfoque se desplaza del *qué* de la práctica al *cómo* de la misma. En lugar de practicar esto o aquello porque *el mundo es así y mi teoría lo dice,* nuestro interés se centra en aquello que la gente hace junta en la actividad de la terapia –cómo ayudan las teorías y los conceptos a los profesionales y a los pacientes a generar comprensiones útiles para los problemas vitales de estos últimos– y cómo esa manera de proceder afecta a la forma en la que nos relacionamos (véase el cuadro 2.1).

Conceptos de sensibilización para la práctica de la terapia como construcción social

¿Qué sucede con la práctica terapéutica cuando adoptamos una postura de la terapia como construcción social y su comprensión relacionada de las teorías como opciones discursivas? En esta sección exploraremos la respuesta a esta pregunta. Cuando ya no nos orientamos por el *qué* de la práctica terapéutica sino por el *cómo* de la misma, los conceptos asumidos que orientan la práctica terapéutica se someten a escrutinio. A continuación, analizamos tres conceptos que desempeñan un papel central en las grandes narrativas del mundo de la terapia (es decir, lo que la mayoría de los modelos de terapia suelen utilizar de un modo u otro, ya sea de manera implícita o explícita). Estos conceptos son *terapia, problema y cambio.* Creemos que estos conceptos proporcionan una base sólida que facilta el acceso al debate acerca de cómo dar sentido a la diversidad terapéutica. Aunque las definiciones varían, estos conceptos suelen estar presentes de una forma u otra en los modelos terapéuticos debido a la historia del campo, las cuestiones que intenta abordar y las prácticas que propone. La *terapia*, como concepto, presenta la definición de lo que el modelo considera que

---

Cuadro 2.1. Experimentemos con estas ideas

Reúna a un grupo de amigos terapeutas que realizan su trabajo desde perspectivas diferentes. Preparen palomitas y, juntos, vean un episodio de su serie favorita. Todos deben elegir a la misma persona y/o relación para observarla de cerca durante ese episodio. Cada uno debe tomar notas descriptivas de «lo que está pasando» con esa persona/relación. No compartan todavía sus notas. Una vez finalizado el episodio, cada uno de ustedes debe escribir un párrafo teórico que explique cómo entiende el ojo del terapeuta las notas que han tomado. Deben intentar ser claros con los conceptos que guían sus explicaciones. Cuando todos hayan completado esta tarea, compartan sus diferentes perspectivas y examinen:

- ¿Qué clases de realidades se crean para esa persona/relación a través de la lente de sus diferentes teorías?
- ¿Qué clases de acciones terapéuticas serían posibles cuando un terapeuta se guía por cada una de estas descripciones?
- ¿Qué clases de efectos imagina que se producirían si tomara estas medidas en lugar de otras? ¿Hay otros efectos potencialmente útiles en las teorías de sus amigos?

representa esta actividad. El *problema* suele ser el punto de entrada a la terapia en la sociedad y define lo que suele ser central en los modelos terapéuticos. El *cambio* se refiere a cómo explica el modelo el funcionamiento de la terapia.

Como participantes vivos y activos en las comunidades terapéuticas también podemos participar activamente en la creación de nuevas formas de descripción de la práctica terapéutica. Estos nuevos vocabularios surgen en respuesta a los intereses, problemas y preocupaciones particulares que se producen en el desarrollo dramático de la vida social. Estos aspectos emergentes de nuestros mundos invitan a nuevas comprensiones y acciones previamente inexploradas en los contextos en los que tienen lugar. En lo que sigue a continuación partimos de esta premisa para articular nuestra comprensión construccionista social de la terapia, el problema y el cambio.

Se trata de una concepción wittgensteiniana del lenguaje como práctica. La construcción social no define las palabras o las acciones en términos de representaciones de estados mentales u objetos del mundo, sino que entiende que el significado es siempre un subproducto de las negociaciones locales. Las palabras conllevan tradiciones de uso y significados en cierto modo estables porque se han utilizado de determinadas maneras a lo largo del tiempo. Nuestro trabajo aquí es honrar el uso que se hace de estos conceptos como parte de las tradiciones, sin darlos por sentados ni aceptarlos ingenuamente como Verdad. Debemos considerar el uso de las palabras y las acciones (es decir, el lenguaje) en sus contextos situados (Wittgenstein, 2009).

Aunque la terapia como construcción social no ofrece una teoría para ninguno de los conceptos mencionados (en el sentido de una verdad final de lo que son realmente la terapia, el problema y el cambio), podemos reconstruirlos como conceptos sensibilizadores, mediante el uso de términos relacionales. Los conceptos sensibilizadores funcionan para crear distinciones de aspectos particulares del mundo que, al ser nombrados de una manera específica, llegan a existir de esa manera para nosotros. Como dice Pearce (2007), nos invitan a relacionarnos con el mundo en términos particulares (es decir, a orientar nuestras acciones en relación con esas distinciones). En lugar de preguntarnos qué es la terapia, por ejemplo, estamos en posición de preguntarnos «qué cuenta como terapia», ¿para quién, en qué momento y en qué contexto particular? Parafraseando al poeta uruguayo Eduardo Galeano (1993), un concepto sensibilizador «nos ayuda a ver» (véase el cuadro 2.2).

Cuadro 2.2. La función del arte/1

Diego no conocía la mar. El padre, Santiago Kovadloff, lo llevó a descubrirla.

Viajaron al sur.

Ella, la mar, estaba más allá de los altos médanos, esperando.

Cuando el niño y su padre alcanzaron por fin aquellas cumbres de arena, después de mucho caminar, la mar estalló ante sus ojos.

Y fue tanta la inmensidad de la mar, y tanto su fulgor, que el niño quedó mudo de hermosura.

Y cuando por fin consiguió hablar, temblando, tartamudeando, pidió a su padre:

—*¡Ayúdame a mirar!*

Eduardo Galeano
El libro de los abrazos
(Galeano, 1993)

En las páginas siguientes, ofrecemos nuestra comprensión de la terapia, el problema y el cambio como conceptos sensibilizadores, ya que pueden «ayudarnos a ver» la terapia como un proceso de construcción social. También pretendemos mostrar cómo estos conceptos pueden ser útiles para guiar a los terapeutas en sus conversaciones con cada paciente con el que debe tratar.

¿Qué se entiende por terapia?

Empecemos por examinar el término mismo de terapia. Se trata de un concepto que se da por sentado; la mayoría de las veces damos por hecho que sabemos lo que es la terapia. Pero, ¿qué se entiende realmente? Las respuestas son muy variadas. Nuestro propósito no es detallar definiciones de terapia sino simplemente considerar, por un momento, cómo responderían a la pregunta de qué es la terapia un psicoanalista, un conductista, un cognitivo-conductista, un psicoterapeuta corporal reichiano o un terapeuta familiar sistémico. ¿Todas las «escuelas» de terapia comparten una concepción común? ¿Comparten estos diversos modos de terapia un objetivo o convergen en el resultado deseado de la terapia? No, no es así. Los criterios para determinar qué es terapia se crean dentro de las comunidades que la llevan a la práctica. Las distintas comunidades no están necesariamente de acuerdo entre ellas. Incluso podríamos preguntarnos, como hacen otros autores (por ejemplo, Anderson, 2012b), si «terapia» es realmente el término apropiado para lo que ocurre durante las consultas entre el cliente y su terapeuta. Todas estas cuestiones y otras más nos dejan mal equipados para navegar por el mundo de la terapia; si no existe un consenso sobre qué es, ¿qué podemos hacer?

En lugar de intentar definir *qué es realmente la terapia*, un enfoque construccionista del tema nos invita a considerar *qué cuenta como terapia* y para quién. La cuestión central es cómo, entre todos, creamos conceptos sobre la terapia y, a su vez, de qué manera estos conceptos nos permiten llevar a cabo la práctica de la misma (véase el cuadro 2.3).

Desde el punto de vista de la terapia como construcción social, la terapia puede describirse como un proceso de construcción de significados, en el que clientes y terapeutas crean conjuntamente interpretaciones sobre las personas y sus dilemas, así como sobre aquello que se puede hacer respecto de esos dilemas. El desarrollo de los procesos relacionales ocupa un lugar central. Las cuestiones

---

Cuadro 2.3. Analicemos su propia definición de terapia...

- Piense por un momento en la palabra «terapia». Quítele el envoltorio. ¿Qué otras palabras le vienen a la mente?
- Describa una imagen de lo que es para usted la terapia. ¿Quién participa en esa imagen? ¿Cuáles son los aspectos materiales del lugar donde se encuentra? ¿Es usted parte de este escenario? En caso afirmativo, ¿cómo va vestido? ¿Cuál es su lenguaje corporal?
- Escriba una definición: la terapia es ...
- ¿Dónde aprendió esa definición? ¿Quiénes son los autores/maestros/supervisores que le enseñaron esa definición? ¿Qué le ha aportado esa definición? ¿Se ha sentido limitado alguna vez por esa definición? ¿De qué manera?

más importantes no tienen que ver con las personas y su mundo interior, sino con la construcción conjunta de la propia actividad terapéutica. Lo que nos preocupa es cómo podemos crear un diálogo transformador cuando nos relacionamos con los clientes. Para ampliar esta idea, nos basamos en las preguntas que podemos hacernos sobre cualquier interacción pero, en el caso que nos ocupa, considerando de manera específica el mundo de la terapia. Tomamos prestadas estas preguntas de Pearce (2007). Queremos saber lo que las personas hacen juntas, cómo lo hacen, en quién se convierten mientras lo hacen y, lo que es más importante, los efectos que estas creaciones tienen para ellas y para su entorno. Y, tal vez, si estos efectos no son deseables, ¿cómo podríamos coordinarnos para proponer un futuro más deseable?

También podríamos explorar la construcción colaborativa de futuros deseables examinando las propias nociones que sustentan nuestras prácticas. En lugar de dar por sentadas nuestras prácticas podríamos –y deberíamos– emprender una crítica autorreflexiva; una crítica que analice cómo surgieron nuestras prácticas incuestionables en primer lugar y la utilidad de esas prácticas en el momento actual.

¿Qué es lo que Sandra considera como terapia?

Sandra es una mujer blanca de clase trabajadora de unos 60 años. Recientemente se ha jubilado de su trabajo de toda la vida como maestra de escuela pública. Se ha ofrecido como voluntaria para asistir a una única sesión de terapia con los psicólogos Pedro Martins y Marina Arantes, respondiendo a una invitación que publicaron en sus redes sociales. Martins y Arantes estaban organizando un curso en línea sobre terapia y su intención era utilizar extractos de vídeos de sesiones con pacientes reales para mostrar los recursos teóricos que presentarían en sus clases. A través de amigos comunes, Sandra se ofreció para participar en una sesión en la que pudiese analizar un tema de su elección junto a estos terapeutas. La sesión de una hora fue grabada con su autorización para utilizarla posteriormente como material didáctico en la formación de otros terapeutas.

Aparte de los aspectos formales de la negociación (hora y duración de la cita, formularios de consentimiento y similares), ambos terapeutas no sabían absolutamente nada de la historia de Sandra antes de este encuentro. Madre soltera de dos hijos mayores de edad, Sandra llegó a la sesión con la esperanza de abordar los desafíos a los que debía enfrentarse actualmente en su vida. Ella pensaba que tales retos estaban interrelacionados. Sandra describió su primer desafío como una persona recién jubilada que acababa de terminar su relación de ocho años con su pareja. El segundo desafío relacionado con el anterior (como ella lo percibía) era su identidad como alguien que ha pasado toda la vida tratando de demostrar su valía a los demás, en particular a su familia de origen. Ella explicó que que nunca se sintió valorada por su familia de origen.

La sesión se llevó a cabo en el despacho privado de los terapeutas en Brasil. Se organizó según el formato de un proceso reflexivo (Andersen, 1987), basado en la creación de diferentes posiciones en la sala de terapia determinadas por los actos complementarios de escuchar y hablar. Sandra y el terapeuta Pedro Martins adoptaron el «sistema terapéutico» (tenían la tarea de hablar entre ellos), mientras que la terapeuta Marina Arantes se había sentado en la parte posterior de la habitación adoptando una posición reflexiva (su tarea consistía en escuchar en silencio la conversación que mantenían las otras dos personas, mientras prestaba atención a sus propias reacciones ante esa conversación). Más tarde en el transcurso de la sesión, Sandra y Marina intercambiaron sus lugares: Sandra adoptó una posición reflexiva, mientras que Marina compartió con Pedro sus pensamientos y reflexiones respecto de la conversación previa que él había mantenido con Sandra. Cuando terminaron, Marina y Sandra volvieron a intercambiar sus posiciones en la habitación, de modo que Sandra pudo comentar sus propias reacciones ante lo que había escuchado de la conversación entre Pedro y Marina. Los procesos reflexivos se organizan de tal manera que los pacientes tienen acceso al proceso inherente a la manera en que los terapeutas hablan sobre ellos, de modo que los significados que organizan sus historias se pueden negociar de maneras diferentes y más fructíferas.

Hagamos una pequeña pausa para preguntarnos: ¿es esta sesión una *terapia?* Como hemos visto previamente, las definiciones de terapia varían según la teoría que las fundamenta. Algunos podrían argumentar que es la duración del proceso el factor que habría que tener en cuenta al responder a esta pregunta (Lowry y Ross, 1997). Otros dirían que la terapia breve (De Shazer, 1995) e incluso la terapia de sesión única (Hoyt y Talmon, 2014) también son terapias. ¿Y qué hay respecto del contenido? ¿Existen en la terapia algunas cuestiones que están siempre presentes y pueden utilizarse para definirla? Como ya hemos visto en nuestro análisis anterior relativo a los modelos terapéuticos, resulta evidente que no es así. La ubicación ya no es un criterio viable, ya sea porque hoy disponemos de modelos de terapia que se practican en diferentes lugares, tales como espacios disponibles (por ejemplo, parques) en la comunidad (Grandesso, 2020), o en la casa del paciente (Håkansson, 2015). Pero tal vez el hecho de determinar si se trata de una terapia sea menos importante que entender la utilidad de una conversación. Por supuesto, la utilidad también tiene que ver con criterios socialmente construidos. Entender lo que es útil depende de procesos de coordinación social: teorías diferentes construirán la utilidad de maneras también diferentes; mientras la gente, en sus encuentros locales, igualmente utilizarán discursos relativos a la utilidad para entender sus realidades terapéuticas locales. Dado que no existen criterios definitivos para definir qué es la terapia, debemos recurrir siempre a nuestra versión más ubicada respecto de la pregunta: ¿qué se considera terapia?

En nuestro caso específico, debemos preguntarnos qué significa terapia para nosotros en el contexto de esta conversación con Sandra. Aquí nos hacemos eco de los terapeutas que provienen de una perspectiva dialógica de la terapia y que la consideran como un contexto de construcción de significados (Andersen, 1987; Anderson, 2012b). Desde esta perspectiva, la conversación con Sandra cuenta mucho como terapia, porque la totalidad del contexto dialógico se crea alrededor de la idea de una sesión en la que Sandra puede hablar sobre cuestiones de su propia elección que son importantes para ella y en la que los terapeutas participan en un proceso de construcción de significados con ella, de modo que puedan crearse nuevas comprensiones. Para disponer de un análisis más detallado del contexto dialógico, véase en el capítulo 3 el apartado «Crear contextos dialógicos».

¿Qué se considera un problema?

Un problema adquiere su condición de tal a medida que la gente participa en la vida social. Se define tanto por nuestra inserción en formas de vida como por nuestras comprensiones. Hay ciertas «cosas» (en este caso, el empleo del genérico es intencionado) que podemos nombrar como problema: comportamientos, interacciones, individuos, relaciones, sistemas sociales, condiciones materiales, etc. Estas «cosas» no están definidas por una sola persona. No obstante, es en el contexto de nuestras interacciones más mundanas y cotidianas respecto de tales «cosas» que llegamos a entender qué es lo que representa un problema para nosotros en un momento específico. Por lo tanto, un problema es un fenómeno definido en términos relacionales y sociales, y que se caracteriza por aquello que la gente define conjuntamente como problema. Así pues, la aparición de «un problema» se produce en la medida en que las vidas de los implicados se ven fundamentadas por esa comprensión. Hay muchas maneras de entender una situación concreta y llamar «problema» a algo es una forma específica de darle sentido.

En algunos contextos, esta comprensión sugiere para algunos profesionales que la palabra «problema» –como una guía para la práctica– podría ser totalmente desterrada del vocabulario terapéutico (por ejemplo, de Shazer, 1995) o, al menos, ser relegada a un segundo plano en favor de otras historias que no están organizadas por el problema (como en White, 2016). Para otros autores (Anderson, Goolishian y Winderman, 1986; Andersen, 1987; Katz y Alegría, 2009; Anderson, 2012b), la noción de que un problema «existe» porque la gente coordina su comprensión de manera tal que crea algo como problemático, posiciona a los terapeutas para que estén atentos a su propia participación en la conversación terapéutica y a cómo sus preguntas, reacciones corporales, puntuaciones, expresiones, etc., coconstruyen la realidad del problema (Strong, 2009). Los terapeutas toman decisiones considerando en qué deben ocuparse y cómo, y estas decisiones crean diferencias en las historias de los pacientes. Estas distinciones que, en una interacción, los participantes vean A, y no B, como el «objeto» a examen. Se elaboran significados. Algunos se refuerzan; otros se omiten. Terapeutas y pacientes crean juntos aperturas y cierres. Como en toda interacción, cada respuesta abre unas posibilidades y cierra otras. Reconocer este hecho supone comprender que el significado está en permanente desarrollo.

Esta atención a la construcción de significados en torno a lo que cuenta como problema es un activo importante, porque nos permite explorar diferentes comprensiones *con* nuestros clientes en el momento de la interacción. De este modo, las distintas teorías, empleadas como opciones discursivas, nos ayudan a construir de manera conjunta realidades terapéuticas que sean útiles para el cliente.

¿Qué se considera un problema de Sandra?

Terapeuta: Bien, pensaba que podíamos comenzar por preguntarle, de una manera abierta y general, ¿qué cree que es importante que yo sepa sobre la historia que la ha traído hoy hasta aquí?

Sandra [muy sensible, ya llorando]: Las relaciones. Me he dado cuenta de que no soy capaz de establecer relaciones con otras personas. Y eso es muy doloroso. […] Y yo… yo me he dado cuenta de que en todos los aspectos de mi vida… me siento destruida. Me siento frágil. Económicamente, físicamente, espiritualmente, emocionalmente. Creo que he llegado a mi límite. ¿Sabe? Y no puedo hacer frente sola a esa situación.

Sandra comenzó explicándole al terapeuta una historia que se centraba en torno a su recientemente descubierta incapacidad para relacionarse con los demás. La forma sincera de explicar su situación, tanto como sus palabras, creó la sensación de que estaba atravesando un período difícil en el que se sentía «destruida y frágil» en muchos aspectos de su vida. De hecho, en la continuación de su relato, Sandra rompió a llorar mientras decía que se pasaba los días llorando. Habló de diferentes momentos de su vida, desde una infancia dura hasta un matrimonio fracasado, pasando por la relación con sus hijos, su jubilación y el reciente final de su importante relación afectiva. Añadió que no se sentía capaz de resolver su propia vida. Al llegar a ese punto, la historia se definía en términos de sus luchas. Pero, ¿cuál es exactamente el problema de Sandra en el contexto de esa sesión?

Antes de empezar a analizar qué sucedió, únase a nosotros en un experimento de reflexión. ¿Y si escuchamos a Sandra desde una perspectiva individualista, diagnóstica y médica? Seguramente nos llamaron la atención varios signos y síntomas de la historia de Sandra. Lloraba mucho, a menudo sin motivo, según ella misma confesaba. Se sentía incapaz de resolver sus problemas. No se sentía merecedora de establecer relaciones. Si continuásemos por esa línea de investigación sin reflexionar, muy pronto tropezaríamos con una etiqueta médica: depresión. Ahora imaginemos que, como terapeutas, planteamos la hipótesis de la «depresión» como diagnóstico de Sandra. ¿Qué clase de conversación seguiría a esa conclusión? Muy probablemente sería una centrada en señales y síntomas encaminados a la confirmación (o desconfirmación) de dicho diagnóstico. ¿Es una mala conversación? No necesariamente. ¿Es una buena conversación? Tampoco necesariamente. El sentido de la terapia como construcción social consiste en considerar esto como una conversación *posible*, no es necesariamente *la* conversación que hay que tener. No se trata de lo bueno o lo malo, ni siquiera de lo correcto o incorrecto; se trata de la utilidad. ¿Cómo ayuda al terapeuta y al cliente a avanzar juntos una determinada forma de describir un problema? ¿En qué sentido es útil (o no) una descripción?

Puesto que entendemos que lo que cuenta como problema se resuelve en la conversación, y que esto es tanto responsabilidad del terapeuta como del paciente, estamos en disposición de explorar cuáles son nuestras opciones. Cabe tener en cuenta que, en el caso de nuestro experimento, la palabra «depresión» se introdujo en la conversación desde la propia inmersión del terapeuta en un discurso médico. En realidad, Sandra nunca pronunció la palabra depresión. Pasara lo que pasara, utilizaba un «lenguaje» diferente para expresar sus experiencias.

De modo que existe otra opción, una que se origina en la «postura de no saber» planteada por las prácticas colaborativas-dialógicas (Anderson, 2012b). ¿Qué pasaría si nosotros, como terapeutas, pudiéramos suspender cualquier hipótesis que hayamos generado (o tal vez incluso suspender la idea misma de hipotetizar) en favor de tener otras conversaciones centradas en definir –junto con Sandra– sus «problemas»? Consideremos incluso otra opción complementaria y que procede de la terapia centrada en soluciones (De Shazer, 1995) y de la terapia narrativa (Madigan, 2019). ¿Qué pasaría si, en lugar de sentirnos obligados a abordar una conversación centrada en problemas, explorásemos los recursos, esperanzas y sueños de Sandra? Podrían crearse diferentes realidades conversacionales para el «problema» de Sandra como subproducto de la interacción, dependiendo tanto de la forma en que nosotros, como terapeutas, decidamos responderle a ella, como de la manera en que ella decida respondernos a nosotros.

De modo que regresemos ahora a la sesión de Sandra y observemos que lo que el terapeuta hizo en realidad estuvo fundamentado por las dos últimas opciones discursivas, en forma de la siguiente conversación:

T: Y, cuando hoy decide acudir a esta conversación, Sandra, ¿qué espera al venir aquí?
S: Curarme. Encontrar un camino. Acabar con este dolor.

La invitación del terapeuta para hablar sobre las expectativas que tenía Sandra de la sesión dio pie a una conversación sobre cómo curar lo que ella llamaba traumas del pasado, provocados por una infancia difícil. En concreto, Sandra describió que nunca se sintió apreciada por su madre y sus hermanos y que tuvo que luchar toda su vida para demostrarles lo que valía. A través de la descripción de estos duros momentos, en el transcurso de la conversación también apareció una versión fuerte de Sandra, una persona que había luchado pero había triunfado en muchos aspectos de su vida. Aquí es donde los diferentes aspectos de su historia –lucha y éxito, exclusión y aceptación– convergen en el siguiente extracto.

> S: He conquistado muchas cosas. Por ejemplo, mi trabajo, mi casa. Pero he hecho todo esto para demostrar a la gente que yo no era lo que todo el mundo me decía que era. Tenía que demostrarles que era diferente.
>
> T: Y entonces, ¿lo demostró?
>
> S: Lo hice. Y, hoy, siento que –porque había estado demostrándole a todo el mundo todo el tiempo que no era esa persona– me puse así. Estoy todo el día llorando.
>
> T: Eso me hace sentir... Pensé en una palabra... «cansada». ¿Es como si estuviera cansada de probarse a sí misma?
>
> S: ¡Lo estoy!
>
> T: Está cansada...
>
> S [llora con más intensidad que nunca en la sesión]: *Estoy* cansada.

Este es un momento importante de la sesión. Sandra estaba muy emocionada, como se observa en el tono de voz, la forma en que movía la cabeza en señal de acuerdo mientras el terapeuta hablaba, y que empezó a llorar aún más fuerte cuando dijo que estaba cansada. En conjunto, esos aspectos crearon la sensación de que «estar cansada» era una buena descripción de lo que ella estaba viviendo en ese momento. Esta palabra fue sugerida por el terapeuta. Sin embargo, no surgió de una teoría previa que describe ciertos escenarios como «un problema de estar cansado». La palabra surgió como un subproducto de esta conversación terapéutica específica; surgió de lo que Shotter (2012) llama *withness thinking*, trabajar «junto con» los clientes, en contraposición al *aboutness thinking*, en el que el terapeuta sabe más y habla «sobre» el problema del cliente.

Consideremos ahora las implicaciones de este proceso de construcción de significado en torno a aquello que cuenta como el problema de Sandra. Si, como podría parecer desde una posición asumida, el problema fuesen sus traumas infantiles (como Sandra afirmó originalmente) o bien la depresión (como consideramos en nuestro experimento reflexivo), habría ciertas implicaciones sobre cómo se posicionaba Sandra y lo que podía hacer respecto de sus problemas. ¿Cómo podemos cambiar las historias de nuestra infancia que han perdurado durante tanto tiempo? ¿Cómo podía curar ella la depresión cuando se sentía tan desesperanzada? No son tareas imposibles, por supuesto, y pueden representar modos válidos de construir una conversación. Pero si pensamos en que gran parte del sufrimiento de Sandra se debía a que se sentía incapaz de organizar su vida, tal vez estas construcciones podrían reforzar su sensación de incapacidad.

En cambio, cuando su terapeuta y ella formularon la palabra «cansada» para nombrar sus experiencias actuales, Sandra dispuso de un contexto de significado nuevo para su problema. Con este nuevo contexto se crearon nuevas posibilidades de actuación. Tal vez curar los traumas de la infancia se percibiera como una tarea imposible. Tal vez curar la depresión podría haber sido un desafío inasumible. Pero estar cansada de demostrar su valía en un momento determinado de su vida parecía una tarea más accesible. A partir de ese momento, tratar de encontrar la manera de avanzar se convirtió en el tema central de toda la sesión. Teníamos un tema organizativo para la conversación desde donde se podía elaborar el cambio.

¿Qué se considera cambio?

Al igual que en el caso relativo a «problema», desde el punto de vista de la terapia como construcción social, «cambio» también se define en términos relacionales. Cambio es aquello que la gente que participa en las negociaciones que se llevan a cabo en y alrededor del contexto terapéutico define como cambio. No se entiende, por lo tanto, en el lenguaje experto predefinido de los terapeutas; más bien, lo que cuenta como cambio se elabora desde dentro de la propia terapia, como un subproducto de la negociación, mientras que los hablantes hacen uso de diferentes discursos sociales disponibles que les informan acerca de aquello que es susceptible de negociarse como cambio. La gente, naturalmente, llega a la sesión de terapia con su propia concepción del cambio basada en sus experiencias previas y que está definida mediante diferentes discursos sociales relativos a la terapia que surgen dentro de las teorías terapéuticas contrapuestas. Una vez más, haríamos bien en recordar que nuestra conversación en relación con la terapia como construcción social nunca trata de una u otra opción (qué definición de cambio es la mejor), sino de cómo estas diferentes definiciones resultan útiles (o no) en el momento de la terapia. Si se define la terapia en términos de procesos de construcción conjunta de realidades, entonces cuando el terapeuta y los clientes elaboran conjuntamente significados en torno a las personas y sus problemas, también están comprometidos en la transformación de estos significados. Ellos abren posibilidades, nuevas formas de entender. De esas diferencias pueden surgir nuevas formas de acción y coordinación.

En este punto, las definiciones de cambio a partir de diferentes modelos se consideran como *posibilidades* relacionadas con la manera en que nos posicionamos en la conversación terapéutica. A modo de ejemplo, los profesionales de la colaboración dialógica describen el cambio como algo que es intrínseco al diálogo, porque se crea a medida que se negocian y transforman los significados mediante la interacción. Por lo tanto, el trabajo del terapeuta consiste en entablar una conversación con los clientes como socios en la exploración curiosa de sus historias. A través de este proceso relacional y conversacional tienen como objetivo abrir caminos con sus preguntas y observaciones de una manera que no ha sido explorada previamente por los propios clientes (Anderson, 2012b). Los terapeutas narrativos, por su parte, creen que el cambio terapéutico se deriva de la liberación de las historias de los clientes de las influencias implícitas en los discursos sociales opresivos. Esta liberación se consigue mediante la exploración de resultados únicos y otras construcciones narrativas (White, 2016; Madigan, 2019).

La terapia como construcción social nos posiciona para que observemos nuestros movimientos en la práctica terapéutica como artesanales, subproductos de la interacción. Seguramente los terapeutas poseen conocimientos expertos en muchas áreas y pueden aplicarlos como recursos relacionales (es decir, como invitaciones a seguir conversando más que como verdaderas afirmaciones de verdad) (McNamee, 2004b). Creemos que el tipo de conocimiento más útil que puede tener un terapeuta es el conocimiento dialógico. Los terapeutas son expertos en la construcción de espacios de conversación fértiles para la construcción de significados. El cambio se construye en esas conversaciones y formas de interactuar, mientras navegamos por la terapia orientados por las teorías como opciones discursivas.

¿Qué se considera un cambio para Sandra?

Sandra y su terapeuta habían llegado a la conclusión de que las circunstancias de su vida habían llegado a un punto en el que se sentía cansada; estaba harta de ser fuerte y de demostrar su valía todo el tiempo, pero no sabía cómo seguir adelante. En este punto de la sesión, dijo que a veces tenía ganas de «dejarlo todo». Es una expresión muy fuerte, y en el contexto de esta sesión resulta especialmente significativa. Sin embargo, ¿qué significa? Más concretamente, ¿qué significaba tal y como la utilizó Sandra en el contexto de esa interacción?

La terapia como construcción social no da por sentadas las palabras. En su lugar, propone que investiguemos el uso y los efectos concretos de nuestras palabras y acciones. Esta es la base de muchas conversaciones terapéuticas en las que terapeutas y clientes negocian significados de sus experiencias. La transformación de estos significados y percepciones en el diálogo terapéutico es lo que llamamos «cambio». Así, en lugar de ser «demasiado rápido» para comprender el significado de «dejarlo todo» (por ejemplo, como signo de depresión), el terapeuta de Sandra toma otro camino.

> T: Cuando piensa en dejarlo... Piensa en dejarlo todo por un momento... [...]
> S: Para mí, dejarlo todo significaría marcharme a un sitio donde no conozco a nadie, y podría demostrar a la gente que soy débil en todos los sentidos... Y que también necesito que me cuiden, que me vean, que me escuchen.

De sus palabras se deduce que «dejarlo» para Sandra, significaba que quería tener la posibilidad de mostrar sus debilidades y de ser valorada (en forma de sentirse cuidada, vista y escuchada). Cuando Sandra explicaba esta situación estaba creando al mismo tiempo la descripción de un futuro deseado para ella donde aquellas cosas que ella valoraba, pero que ahora no estaba viviendo, estuviesen presentes en su vida. Después de entender esto, el terapeuta continuó preguntando sobre qué significaban estos valores para ella; ¿cómo se veían en la práctica? ¿Cuándo, dónde, con quién y cómo se había sentido atendida, vista y escuchada en su vida? En este contexto, la relación de Sandra con su hijo pequeño se hizo presente en la conversación terapéutica como un recurso en su vida. Dijo que su hijo menor era la única persona con la que podía hablar cuando quería sentirse escuchada. Esto inició una conversación sobre lo maravillosos que eran sus hijos. Entonces el terapeuta preguntó, «¿qué les ofreció para que se convirtieran en esas personas tan maravillosas?». Sandra no pudo responder a eso. A continuación, el terapeuta reformuló la pregunta en forma de círculo (es decir, le pidió que imaginara una respuesta para la pregunta desde la perspectiva de una persona diferente: sus hijos) (Selvini Palazzoli, Boscolo, Cecchin, Prata, 1980; Tomm, 1988).

T: Si yo les preguntara [a sus hijos] … ¿qué han aprendido de usted que les permitió ser así?
S: No lo sé. Tal vez… esa vida loca que llevaba… Trabajar, ser un padre, ser una madre… Y creo que esa sensación de seguridad que siempre les he ofrecido. Yo tenía que ser fuerte. En algún momento les dije que todo lo bueno que tenía para darles ya se lo había dado. Y que ya no me quedaba nada más. Creo que ya estaba cerca de este período en el que me siento mal.
T: Era esa seguridad…
S: Sí.
T: Lo que les había permitido…
S: Llegar adonde están ahora.
T: Y tener una vida diferente de la que tuvo usted.
S: Creo que yo hice eso.
T: O sea que cuando vio que su trabajo había terminado … ya podía romperse.
S: Tal vez sea eso.

Pensemos en esto. En el inicio de la sesión, Sandra decía que se sentía destruida y que no sabía qué hacer con su vida porque había traumas infantiles implicados, toda una vida de luchas y un contexto actual en el que había descubierto que era incapaz de relacionarse con otras personas. Al iniciarse la conversación terapéutica, se pusieron en funcionamiento los significados. El problema de Sandra se definió como «estar cansada», y su deseo de «dejarlo todo» pudo entenderse en el contexto de su voluntad de ser escuchada y vista en la vida. A continuación, a partir de la indagación del terapeuta sobre el tema de las excepciones (De Shazer, 1995), en las que Sandra ya se sentía escuchada y vista, describió que había al menos una relación en su vida en la que eso ya ocurría: la que mantenía con su hijo menor. Y, si le preguntáramos a él, tal vez nos diría que Sandra le proporcionó tanto a él como a su hermano una sensación de seguridad, aunque ella misma no hubiera tenido esa seguridad en su infancia. De modo que, cuando Sandra comprendió por fin que su trabajo había terminado, pudo permitirse estar cansada y derrumbarse.

Este proceso –la negociación paso a paso de la historia de Sandra en la dinámica de la terapia– explica cómo se creó el cambio en el diálogo. Desde dentro de la conversación terapéutica, Sandra no solo obtuvo una nueva definición para su problema, sino que esa definición llegó acompañada de nuevos contextos y, en consecuencia, de nuevas posibilidades de acción que podían buscarse a lo largo del resto de la sesión (véase el cuadro 2.4). Pudo intentar acercarse más a menudo a sus hijos. Pudo volver a describir su relación con su familia de origen (que ahora reconocía que eran unas buenas personas). Y lo que es más importante, más tarde ella y su terapeuta llegarían a la conclusión de que, como sentía que había hecho algo en el pasado sin tener un modelo para ello, tal vez podría, de nuevo, vivir en el futuro sin un proyecto.

Cuadro 2.4. Practiquemos juntos

Ahora que ha aprendido algunas cosas sobre Sandra en esta sesión, únase a nosotros en un experimento. Imagine que forma parte de esta sesión ocupando la posición reflexiva, o sea que usted escucha la conversación que Sandra mantiene con el terapeuta. Su trabajo consiste en prestar atención a sus propias reacciones ante esta conversación y, cuando llegue el momento, escogerá algunas reflexiones para compartirlas con el otro terapeuta, mientras Sandra escucha. Tome nota de dos o tres comentarios que le vengan a la mente mientras piensa en la historia de Sandra (tal vez pueda resultarle útil volver a las transcripciones en este capítulo mientras lo hace). Ahora analice sus comentarios y averigüe:

- ¿De dónde surgió la idea para cada uno de los comentarios? ¿Hay alguna teoría que la respalde? ¿Una hipótesis? ¿Arte? ¿Experiencia vital?

- ¿Qué le gustaría conseguir al compartir estas reflexiones en voz alta? ¿Cómo imagina que pudieran ser útiles para la conversación terapéutica?

- Recuerde que Sandra estaría atenta a sus comentarios. ¿Cambia eso en algún sentido la manera en que usted lo expresaría? ¿Cómo?

- Piense en otros modelos/teorías/inspiraciones que conozca. ¿Puede alguno de ellos ayudarle a elaborar otra reflexión útil que le gustaría compartir?

Implicaciones para la práctica

Una terapeuta que está guiada por la terapia como construcción social es tanto una filósofa como una terapeuta. Es una filósofa porque no está interesada simplemente en *qué hacer* (es decir, en técnicas terapéuticas). En lugar de eso, se centra en entender *cómo* se crea el conocimiento; cómo llega a entender la terapia, los problemas, el cambio... y cualquier otra cosa que pueda resultar de interés al estar inmersa en los múltiples mundos de la terapia que se encuentran en constante reconstrucción a través de las interacciones de las distintas personas que participan en ella.

Incertidumbre generativa

Cuando consideramos las teorías como opciones discursivas, se nos invita a utilizarlas no porque sean superiores o correctas, sino porque la sabiduría clínica nos permite comprender que determinadas formas de interacción pueden ayudarnos a construir maneras de «seguir adelante juntos» con los clientes de modo que podamos apoyarles y ayudarles con sus dilemas. Si no existe una única definición de terapia, problema o cambio, se invita a los terapeutas a crear contextos dialógicos en los que se favorezca la negociación de estos significados. Cada respuesta en una conversación es considerada como una invitación a una nueva respuesta, en la que los participantes elaboran conjuntamente significados sobre quiénes son, cuáles son sus problemas y cómo pueden actuar al respecto. Esto sugiere asumir una postura respetuosa hacia el conocimiento y el mundo del otro, una especie de *withness*, un pensamiento dialógico en el que resulta clave la apertura hacia la construcción conjunta sin resultados específicos (Anderson, 2012b; Shotter, 2012).

Se trata de una posición de incertidumbre porque nunca podemos saber cuáles serán los resultados de una determinada interacción antes de haberla experimentado realmente. McNamee (2004a) ha propuesto la «incertidumbre generativa» como la posición a la que nos invita la construcción social. La incertidumbre generativa nos permite cuestionar nuestras propias suposiciones como las únicas que son reales y válidas, y desplazarse por una multiplicidad de recursos como descripciones alusivas y tentativas que permiten la construcción del cambio.

¿Dónde podemos encontrar la inspiración para asumir una postura tan creativa? Podemos encontrar inspiración en cada teoría, cada forma de conocimiento, cada obra de arte o experiencia personal. Piense, por ejemplo, en la conversación terapéutica con Sandra. Tal como ha mostrado nuestro análisis, el terapeuta no se guiaba por un único modelo de terapia. En cambio, utilizaba diversas contribuciones originadas en prácticas colaborativas-dialógicas (Anderson, 2012b), la terapia centrada en las soluciones (De Shazer, 1995) y en las prácticas narrativas (Madigan, 2019), por citar solo algunos ejemplos, a medida que se desarrollaba la conversación. Ninguna de estas posibilidades estaba prevista de antemano. Se presentaron como opciones viables con efectos concretos en el curso de la conversación.

Atención a los efectos de nuestra forma de interactuar

Cuando comprendemos que juntos creamos el mundo de la terapia —ya sea en teoría o en la práctica— se nos invita a ver nuestras huellas dactilares en estas construcciones y a preguntarnos cómo podemos contribuir a mejorar nuestro trabajo. La terapia como construcción social nos invita a comprender que somos responsables del mundo que habitamos. Nos obliga a estar atentos a cada uno de nuestros movimientos porque sabemos que estos participan en la coordinación de acciones que crean ciertas realidades y frenan la posibilidad de otras. Al hablar con cada cliente, somos conscientes de que cada conversación abre determinadas posibilidades (para que los clientes comprendan quiénes son, cuáles son sus problemas y qué se puede hacer al respecto), y de que estas posibilidades conllevan implicaciones y efectos. ¿Con quién nos comprometemos al evaluar estos efectos como profesionales? ¿A qué clase de mundo social respondemos y contribuimos en nuestra práctica? ¿Quién gana y quién pierde cuando participamos en el mundo de esta manera específica? Esta atención centrada en los efectos de nuestras formas de interactuar –tanto en la propia interacción como en la construcción del mundo del que formamos parte– es fundamental para la práctica de la terapia como construcción social.

Como ejemplo, en la sesión de Sandra podemos utilizar los comentarios de Marina Arantes como parte de su posición reflexiva en esa conversación. Cuando la invitaron a hablar, compartió algunas ideas sobre aspectos del proceso terapéutico que creía que podían ser útiles para Sandra y el terapeuta. Como comentario final, Marina decidió añadir algo:

M: Quería compartir algo –y tal vez ni siquiera sea muy útil para nuestra conversación– pero... no podemos aprender lo que valoramos si no lo hemos tenido en algún momento de nuestra vida, ¿verdad? [...] Así que quería saber, ¿dónde aprendió ella que quería sentirse así? En qué relaciones, en qué momentos de su vida ha sentido «¡vaya, es tan bueno sentirse seguro, ser reconocido!». Quería saber más de esta historia, porque parece algo importante... y que fuera capaz de ofrecer esas cosas a sus hijos, como madre.

Como vemos, Marina no estaba segura de la utilidad de esta reflexión. Por lo tanto resultó sorprendente que, de todo lo que dijo, este fue exactamente el punto en el que Sandra decidió reanudar la conversación con Pedro.

T: De todo lo que ha dicho Marina, ¿qué es lo que más le ha llamado la atención?
S: La seguridad... que vio una gran distancia, es verdad... La seguridad que yo no tuve, y la seguridad que fui capaz de ofrecer a mis hijos. Precisamente porque no la tenía, pude dárselas, ¿entiende? Tuve que encontrarla en mí [hace un gesto con la mano como si algo le saliera del pecho]. ¿Verdad? Porque no quería que mis hijos pasaran por lo mismo que yo tuve que pasar.

Los recursos y las intervenciones no funcionan por sí mismos. Sus efectos no son una conclusión preconcebida. Dependen siempre de un proceso de complementación, del siguiente movimiento que les confiere algún significado, y no otros. La diferencia de la terapia como construcción social es esta: estamos más comprometidos con el proceso en sí que con lo que exponen nuestras teorías. Si los efectos de una determinada forma de interactuar no son deseables, entonces podemos cambiar, dejándonos guiar por una forma diferente de interactuar... y mantenernos atentos a lo que pueda suceder después. Nos centramos en la práctica, en el presente, y en lo que eso crea para el mundo.

Centrarse en el momento interactivo

Por último, la terapia como construcción social centra nuestra atención en el momento interactivo (es decir, aquello que la gente *hace junta* mientras habla y actúa, y lo que produce esa acción). El pasdo y el futuro se entienden como narraciones en el presente; lo que *haya ocurrido* o *vaya a ocurrir* se está negociando en una conversación aquí y ahora. Este es nuestro enfoque. Y este enfoque sirve tanto para comprender tanto los modelos terapéuticos como las historias de los clientes. En cuanto a los modelos terapéuticos, nuestro punto de vista ya debería estar claro: estamos interesados en cómo las descripciones ofrecidas por la teoría pueden o no ser generativas para una determinada conversación, con un cliente en particular, en este momento en particular. Al hacerlo, se negocian las historias de los clientes y las interpretaciones de sus historias. Los significados se elaboran y transforman, al igual que las posibilidades de decisión de los clientes sobre cómo seguir adelante con sus vidas.

Analicemos por última vez la historia de Sandra. Su narración de los «hechos» sobre sí misma y su familia facilitaba su sentimiento de incompetencia a la hora de afrontar las relaciones en su vida. Sin embargo, a medida que avanzaba la conversación terapéutica, comenzaron a surgir nuevos significados de esta historia en colaboración entre ella y los terapeutas. El siguiente fragmento ilustra este punto.

> T: No tenerla [la seguridad de parte de su familia] le ha enseñado a tenerla.
> S: Sí. No tener seguridad y haber sufrido mucho por esa razón, y no tener a alguien con quien contar... eso es lo que me ha cambiado de modo que pudiera ofrecérselo a mis hijos y que ellos pudieran sentir que podían contar conmigo.

La invitación de Marina sobre dónde había aprendido Sandra a tener seguridad tuvo un efecto imprevisto: Sandra reafirmó que, en realidad, nunca la había tenido en su vida. Sin embargo, en este punto de la conversación con la terapeuta, ambas crean juntas una nueva conexión en la historia que antes no existía. Así es, Sandra no tenía esa seguridad, pero esto permitió que se convirtiese en una madre capaz de proporcionársela a sus hijos. Nótese lo diferente que es esta construcción de la historia en el momento interactivo de la anterior. En esta versión, Sandra es alguien suficientemente competente en su relación con sus hijos. Ella es alguien que podría proporcionarles seguridad, aunque nunca la recibió. Los significados de una historia siempre están «en camino»; el significado siempre se está desplegando. Una narración es siempre un trabajo en curso. Y así, la posibilidad de cambiar el significado está siempre omnipresente en nuestro próximo movimiento (Lannamann y McNamee, 2011).

Resumen del capítulo

En este capítulo hemos analizado teorías como opciones discursivas a modo de alternativa para abordar la variedad de teorías y modelos terapéuticos que existen. Presentamos de qué manera este concepto centra nuestra atención en cómo se crean las diferentes teorías, y qué tipo de conversaciones y efectos pueden crear cuando se utilizan en contextos de la vida real. El enfoque cambia del contenido al proceso, del «qué» al «cómo» de la práctica terapéutica. En el capítulo siguiente presentamos el enfoque terapéutico en los microprocesos y cómo los conceptos y recursos que se originan en diferentes modelos pueden resultar útiles para promover conversaciones terapéuticas generativas.

Capítulo 3

El enfoque terapéutico en los microprocesos

En este capítulo abordaremos:

- Consideraciones teóricas y prácticas sobre los discursos microsociales en terapia.
- La terapia como actividad de construcción de significado.
- El potencial de la creación de contextos dialógicos en la terapia.
- La variedad de recursos conversacionales que podemos utilizar para fomentar la interacción terapéutica.

Las contribuciones iniciales a la práctica de la terapia como construcción social surgieron de un enfoque terapéutico en los procesos microsociales en el ámbito de la interacción. Esto ocurrió por primera vez en el campo de la terapia familiar sistémica. Partiendo de la idea de que la familia es un sistema, los terapeutas comenzaron a interesarse por la idea de que tanto la «familia» como la «terapia» se generan en procesos interactivos y, por lo tanto, se construyen socialmente. De este modo, la propia actividad de la terapia —ompuesta tanto *por* familiares *como* por las acciones de los terapeutas— se convirtió en el centro de atención. Con un énfasis colocado ahora en lo que las personas *hacen juntas en el contexto terapéutico*, el lenguaje y las relaciones ocupan un lugar central. En contraste con el énfasis de la teoría de sistemas en los miembros del sistema, la terapia como construcción social se centra en los *procesos de interacción* emergentes (Martins, McNamee y Guanaes-Lorenzi, 2014).

Este cambio en la evolución de nuestra forma de pensar sobre la terapia y la familia fue sutil. Uno de los primeros movimientos en esta dirección conservó la noción de sistema, pero desplazó al lenguaje el sistema de preocupación de la familia (Anderson y Goolishian, 1988). Anderson y Goolishian propusieron que, en lugar de considerar a la familia como un sistema, podríamos explorar de qué manera el sistema de lenguaje construye la familia. Esto llevó a los profesionales hacia un conjunto diferente de metáforas, a saber, las hermenéuticas. Las metáforas hermenéuticas se refieren a la manera en que las personas entienden simbólicamente el mundo y dan sentido a sus vidas a través de las prácticas lingüísticas. Las metáforas hermenéuticas abrieron el camino a una comprensión cada vez mayor de la terapia como un proceso relacional en desarrollo. Se entiende que todo lo que ocurre en la terapia sucede en el espacio *entre* las personas (Shotter, 2008). El *entre* —en otras palabras, el espacio relacional, interactivo donde se desarrolla la terapia— ocupaba el escenario central en el análisis de los procesos terapéuticos. La actividad de la terapia (es decir, lo que los participantes —terapeutas y clientes— llevan a cabo juntos en este contexto) se volvió más relevante para estos terapeutas que el enfoque más común en los individuos y sus mentes (Martins, McNamee, y Guanaes-Lorenzi, 2014).

Con esta concepción de la terapia como actividad relacional y lingüística se desarrollaron las primeras y más conocidas aportaciones de la terapia como construcción social. Nos referimos a esto en el sentido de centrar nuestra atención en los «procesos microsociales», refiriéndonos a aquellos que se desarrollan en la interacción cuando las personas se reúnen para construir juntas la actividad de la terapia.

La terapia: una actividad de construcción de significado

En las últimas tres décadas se han descrito varios modelos de terapia como «construccionista social». Se caracterizan por una diversidad de conceptos y prácticas que no siempre se encuentran completamente alineados entre sí. La aproximación de los modelos terapéuticos al campo de la terapia como construcción social se produjo de dos maneras. De una parte, están los terapeutas que comenzaron a observar, comprender y transformar sus prácticas ya existentes dentro de la orientación lingüística de la construcción social. De otra parte, los terapeutas, que en realidad nunca se describieron a sí mismos como construccionistas sociales, fueron sin embargo reconocidos por la comunidad internacional como influidos por e influyentes de este movimiento en la terapia, como se puede comprobar en la obra de McNamee y Gergen de 1992.

Independientemente de la forma en que estos modelos se aproximaran al «construccionismo social», debemos recordar el argumento presentado en el capítulo 2: no existe un aspecto definitorio único y definitivo de la «terapia» ni tampoco existe un aspecto definitorio único y definitivo respecto de una «terapia construccionista social». Puesto que toda terapia es interactiva, todas ellas son procesos de construcción de un mundo. Sin embargo, la forma en que las terapias construyen ese mundo y el mundo que se construye albergan enormes diferencias. Definir una «terapia construccionista social» es un proceso social en el que lo que cuenta como terapia construccionista social se negocia continuamente dentro de las comunidades de interés. No obstante, en este proceso de negociación parece existir al menos un aspecto que está presente en los diferentes relatos de la terapia como construcción social y las prácticas asociadas: la terapia se entiende como una actividad de construcción de significado.

Esta premisa está basada en una teoría relacional del significado (Gergen, 1996). Experimentamos el mundo a través de los significados que creamos sobre él. Estos significados no son producto de mentes individuales, sino que nacen dentro de procesos relacionales. Cuando alguien habla, su enunciado no es más que un candidato a significado. Para que este significado se concrete en la realidad es necesario que se desarrolle un proceso social de complementación: es en este vaivén de la interacción, es decir, en el proceso activo de negociación de significados, donde se elabora la comprensión del mundo. El sentido no se da por hecho sino que siempre depende del movimiento siguiente en el contexto de un proceso relacional que debe confirmarse o transformarse. Los significados siempre se negocian dentro de un contexto. Según Pearce (2007), nuestra posibilidad de dar sentido a una situación determinada se relaciona con nuestra capacidad de desplazarnos entre distintos niveles de contexto que a la vez guían y son transformados por la interacción. Por ejemplo, si el contexto es una cena romántica, el hecho de que mi pareja pida champán es un símbolo de su amor. Si, por el contrario, mi pareja ve el contexto como una cena para celebrar un ascenso laboral, pedir champán es un símbolo de celebración.

En consecuencia, entender la terapia como una actividad de creación de significado es analizarla como un contexto social de interacción privilegiado donde las personas pueden entablar conversaciones significativas sobre sí mismas, sus problemas y el mundo, de modo que puedan cambiar su comprensión y sus posibilidades de actuación. La terapia es un contexto de lenguaje y despliegue de procesos relacionales. Nos centramos en lo que las personas hacen juntas y en lo que esa actividad representa (McNamee, 2004a).

Gergen y Ness (2016) señalan que esta comprensión fomenta algunas transiciones prácticas importantes que están presentes con diferentes énfasis y aplicados sobre diferentes modelos. Las transiciones que describen incluyen pasar «de un enfoque centrado en la mente al desarrollo de relaciones significativas; de un enfoque centrado en el individuo a la red relacional; de una verdad singular a múltiples perspectivas; de explorar los problemas del individuo a potenciales prometedores; y de desarrollar percepciones a fomentar habilidades útiles» (p. 516). La terapia colaborativa-dialógica (Anderson, Goolishian y Winderman, 1986; Anderson, 2012b), la terapia narrativa (White y Epston, 1993; White, 2016), los procesos reflexivos (Andersen, 1992), la terapia centrada en las soluciones (De Shazer, 1995, 1993) y la terapia social (Holzman y Méndez, 2003) constituyen típicamente los modelos asociados a la terapia como construcción social y ello significa que todos presentan su propia versión de la terapia como una actividad de creación de significado.

Estos modelos ofrecen diferentes recursos para el enfoque terapéutico en los procesos microsociales. Sin embargo, en este capítulo, más que explorar las contribuciones de cada uno nos interesan las contribuciones que encontramos entre ellos. Esto se basa en nuestra comprensión de los modelos terapéuticos como opciones discursivas. ¿Cómo actúan los procesos microsociales de las conversaciones terapéuticas para crear el cambio?

Este ejercicio analítico está guiado por las siguientes preguntas: ¿qué hace un terapeuta, orientado por el concepto de terapia como construcción social, cuando se reúne con sus clientes en el microcontexto de la práctica clínica? ¿Qué tipo de microprocesos de construcción social de la realidad tienen lugar en esta práctica? Nuestro argumento sostiene que a lo largo de los años se han creado dos conjuntos de contribuciones: la creación de contextos dialógicos en la terapia (que se caracteriza por hacer hincapié en los *procesos relacionales)* y la creación de recursos conversacionales particulares (que se caracteriza por un énfasis centrado en el *lenguaje).*

Crear contextos dialógicos

Cuando entendemos la terapia como un proceso de construcción social de realidades, nuestro enfoque se aparta de las personas individuales y vuelve a dirigirse hacia los procesos relacionales. Por lo tanto, los terapeutas ya no se muestran tan interesados en el funcionamiento de la mente de las personas, los mundos internos o el diagnóstico como lo estarían desde el punto de vista de las perspectivas tradicionales de la terapia. En cambio, su atención se centra en aquello que ocurre *entre las personas que interactúan en el contexto terapéutico.*

El interés se centra en cómo los terapeutas y los clientes coordinan formas de estar juntos que generan comprensiones emergentes en relación con «quiénes somos», «cuáles son nuestros problemas» y «qué podemos hacer al respecto». Esto pone el foco en la construcción del contexto de la terapia como un aspecto fundamental, no accesorio, de esta terapia. Así, gran parte de los esfuerzos de los terapeutas se dedican a construir el contexto dialógico de la terapia.

En este punto, «dialógico» se refiere al concepto de *diálogo*, como propone el filósofo Mikhail Bakhtin (1996). El diálogo es una clase específica de interacción en la que los participantes están dispuestos a redefinirse a sí mismos de forma continua y fluida, mientras crean juntos futuros preferidos. En una interacción dialógica se reconoce y celebra la existencia del otro porque los participantes se dan cuenta de que es el propio proceso de interacción el que les otorga el sentido de lo que son (Sampson, 1993; Littlejohn y Foss, 2008). Desde esta perspectiva, no toda conversación es un diálogo; un contexto dialógico es más bien un ideal que debería alcanzarse a través de un proceso de toma de decisiones reflexivo y ético (Stewart y Zediker, 2000). Los terapeutas están en sintonía con este proceso de diferentes maneras. Hemos organizado algunos ejemplos de estas formas en dos categorías principales de negociación dialógica: la construcción de formas de estar juntos y la construcción del contexto conversacional. Pero, antes de continuar, vamos a intentar averiguar lo que ya sabe sobre los contextos dialógicos a partir de sus propias experiencias vividas (véase el cuadro 3.1).

Construir «maneras de estar» juntos

La terapia no se refiere simplemente al contenido sino que se trata de lo que sucede en el encuentro terapéutico entre las personas. Esta noción invita a los terapeutas a crear lo que Shotter (2008), en su versión relacional-responsiva del construccionismo social, ha denominado «formas de ser» juntos. No se trata tanto de acciones específicas del terapeuta sino de estar sintonizados con aspectos del «trasfondo» en el que tiene lugar la interacción terapéutica. Según Shotter, las explicaciones de nuestras prácticas profesionales se basan tradicionalmente en dos tipos de conoci-

Cuadro 3.1. Revisitar una experiencia dialógica

Busque lápiz y papel y únase a nosotros en esta exploración de sus propias experiencias dialógicas.

Piense en la conversación más significativa que haya tenido. Intente recordarla con todo detalle: ¿dónde estaba? ¿Cómo era el entorno físico? ¿Había un color predominante? ¿Un aroma? ¿Cómo sonaba? ¿Había alguien más presente en la conversación? ¿Sobre qué trató la conversación? ¿Qué palabras concretas se le quedaron grabadas de aquel día? ¿Hay algún momento concreto en el que supiera que estaba ocurriendo algo especial? Intente describir su experiencia de la forma más vívida posible.

Ahora mire sus notas e intente responder: ¿qué circunstancias intervinieron en la construcción de este momento dialógico? ¿Qué palabras elegiría para caracterizarlo?

miento: el conocimiento representacional (que es de tipo teórico) y el conocimiento técnico (que se refiere a las destrezas y habilidades). No obstante, Shotter sostiene que los terapeutas deberían interesarse más por una clase de conocimiento diferente y más valioso, que él denomina «conocimiento del tercer tipo». Se trata de un tipo de conocimiento relacional y corporal que permite que las personas respondan a las interacciones sociales. El tercer tipo de conocimiento tiene que ver con aquello que las personas dan por hecho en su entorno; es un bagaje compartido que les permite anticipar movimientos, responder e influirse mutuamente durante una interacción.

Los terapeutas que son sensibles a esta clase de conocimiento entienden que la creación de contextos dialógicos de terapia guarda una gran relación con la creación de *formas responsivas de estar con* los clientes, en las que se puede apreciar que su existencia y sus historias pueden explicarse de las maneras preferidas. Los terapeutas se ven a sí mismos como parte de un flujo interaccional que no pueden ni deben controlar; lo que pueden hacer es responder a los contextos que se generan cuando se reúnen con sus clientes. Es a partir de estos movimientos de respuesta (es decir, las continuas reacciones de terapeutas y pacientes entre sí) como puede funcionar el diálogo terapéutico (Andersen, 1992; Rober, 2008; Shotter, 2008; Anderson, 2012b).

El tercer tipo de conocimiento no se refiere a la teoría y tampoco a las habilidades técnicas. Se trata de una postura filosófica, una forma de estar en el mundo (McNamee, 2004a; Anderson, 2012b). Esta postura se centra en la construcción conjunta de realidades terapéuticas donde el propio proceso terapéutico es fundamental. Dado que esta idea de un contexto dialógico de interacción puede ser difícil de captar, a lo largo de los años los terapeutas han desarrollado distintas metáforas que intentan describirla. El cuadro 3.2 muestra algunas de ellas.

En el sentido de que la terapia se considera un tipo de conversación impredecible sin guía ni mapa que seguir, la principal contribución de estos terapeutas reside en describir el funcionamiento del proceso terapéutico. Al hacerlo, describen aspectos de la interacción social a los que los profesionales pueden prestar atención, si están dispuestos a crear formas útiles de estar junto a sus clientes. Es posible que los profesionales no puedan (o no quieran) *planificar* sus conversaciones terapéuticas, pero comprender cómo funcionan los procesos dialógicos puede *prepararles*

Cuadro 3.2. Metáforas para la práctica dialógica

Terapia de acogida y visita. «El terapeuta es a la vez anfitrión e invitado temporal en la vida del cliente. En mis clases, pido a mis alumnos que piensen cómo les gustaría ser recibidos como huéspedes y que describan las cualidades de un buen anfitrión. [...] La postura, actitud, acciones, respuestas y tono del anfitrión deben comunicar al invitado su especial importancia como ser humano único al que se reconoce y aprecia, y cuyas historias merece la pena contar y escuchar. Del mismo modo, pido a los alumnos que piensen en cómo ser un buen invitado: ¿qué hace un invitado para que le den la bienvenida y le vuelvan a invitar? [En pocas palabras, se trata de ser educado y crear una relación de compañerismo» (Anderson, 2012b, págs. 15 y 16).

La terapia como una charla de cocina. «[...] Una conferencia convocada por el terapeuta noruego Tom Andersen titulada "Una cocina griega en el Ártico" [...] se basaba en la imagen que tenía de la hospitalidad griega, en la que se podía invitar a desconocidos interesantes a la casa de alguien y pedirles que se sentaran a la mesa de la cocina y hablaran mientras los aldeanos se apoyaban contra la pared y escuchaban la conversación» (Hoffman, 2001, p. 137).

La terapia como artesanía de contextos. «Intentaba encontrar formas de describir un posicionamiento [...] que —para mí— rompía con los límites de la psicoterapia y se guiaba a través de los procesos de transformación, pasando por diferentes contextos [...]. Llamé a este 'posicionamiento' *artesanía de contextos*, ya que aparecía en la experiencia como un espacio entre lo instrumental y lo estético, y la metáfora de la artesanía se refería tanto a un modo de estar en conversación como al mismo tiempo a 'mecanismos' para facilitar contextos creativos» (Fuks, 2004, p. 102). «[…] La artesanía consiste en la manera de crear las condiciones para una *exploración conversacional:* el proceso mediante el cual uno o varios participantes en un intercambio de habla organizan su espacio social, su ubicación en él y, por la forma en que construyen sus preguntas, producen un efecto de exploración y emergencia de los parámetros que organizan la conversación (su diseño)» (Fuks, 2004, p. 109).

La terapia como testimonio. «Los terapeutas con los que trabajo son todos testigos compasivos. Se trata de hombres y mujeres que se han comprometido a escuchar con la mente y el corazón abiertos las historias de quienes han sido agredidos física, mental, emocional y espiritualmente. Se han comprometido a sentir en las células de sus cuerpos lo que es ser tocados en contra de la propia voluntad, ser penetrados más allá de la propia capacidad de imaginar una manera de detenerlo. Y se han comprometido a intentar transmitir esa experiencia a los demás en nombre de sus pacientes» (Weingarten, 2000, p. 394).

La terapia como una casa de buenas palabras. «¡Imagine una casa de buenas palabras! ¡Imagínese una ‹capacidad para rendir cuentas›! Esas ideas presionan diferentes metáforas sobre mí como terapeuta: ‹un rescatador de palabras›; ‹un testigo›; un ‹aprendiz›; ‹un poeta›; ‹un especialista en fuegos artificiales›; ‹una persona con una habilidad para rendir cuentas›; ‹un herrero de las palabras›; ‹una persona con la intención de contribuir a la fundación de la posibilidad en las vidas de los demás›; etc.» (Paljakka, 2018, p. 63).

para participar en ellos (Anderson, 2012b). A continuación, presentamos cuatro conceptos útiles para la creación de contextos dialógicos en terapia.

Colaboración

Anderson (2012b) entiende la colaboración como una orientación en la forma que tiene un terapeuta de ser, actuar y responder al cliente que crea oportunidades para que los interlocutores participen de manera activa en la conversación y determina la manera en que se desarrolla, así como sus efectos. Una postura de no saber ante la terapia es una manera de lograr la colaboración y promover el espacio dialógico que caracteriza a la conversación terapéutica. Según Anderson y Goolishian (1992), «la posición de ignorancia implica una actitud general, una postura en la que las acciones del terapeuta comunican una abundante y genuina curiosidad. [...] Expresan la necesidad de saber más acerca de lo que se ha dicho, y no transmiten en modo alguno opiniones y expectativas preconcebidas acerca del cliente, el problema o lo que deba cambiarse» (p. 49).

En el centro de esta propuesta se encuentra la noción de terapia como un proceso de investigación mutua, en el que las personas no hablan *entre sí* sino *con* los demás. La colaboración es el modo en que se elaboran los significados en la terapia. En lugar de centrarse en el cambio, Anderson y Goolishian creen que el trabajo de un terapeuta consiste en crear un espacio de conversación libre donde, a partir de la propia actividad de estar juntos de forma respetuosa y curiosa, puede generarse la novedad.

Las preguntas y otros movimientos de los terapeutas no pretenden guiar la conversación o al cliente hacia ningún objetivo o comprensión específicos; son simplemente invitaciones a continuar la conversación, donde pueden surgir diferentes significados. En otras palabras, la postura de no saber ofrece una forma de estar en la terapia que puede describirse mejor como estar totalmente presente en el otro y en el momento. Esto es lo que Ness, Borg, Semb y Karlsson (2014) han denominado «caminar al lado» de las personas: en lugar de que los expertos guíen a los clientes en determinadas direcciones, están dispuestos simplemente a estar juntos sin necesidad de prever destinos o resultados específicos.

Presencia radical

McNamee (2015b) introduce la noción de «presencia radical» como una alternativa al «estado terapéutico». Estar en un estado terapéutico significa que los profesionales se atienen a los discursos dominantes individualizantes, a menudo patologizantes, que proceden de las psicodisciplinas, entendiendo que *son la Verdad.* No se cuestionan las alternativas y, por lo tanto, es el individuo quien debe ser visto y tratado, de acuerdo con lo que nuestras formas expertas de comprensión nos dicen que es el caso. La presencia radical no propone abolir o destruir esta tradición sino que plantea más bien que nos detengamos y consideremos nuestras alternativas: ¿existen otros modos de dar sentido a una determinada situación y que no se están considerando debido al estado terapéutico?

Estar radicalmente presente significa adoptar una postura crítica ante la terapia; invita a los profesionales a considerar de dónde han surgido sus concepciones dentro de las comunidades de práctica, a mantener una postura abierta ante diferentes formas de coordinación que podrían guiarnos sobre la situación en cuestión mediante diferentes maneras de práctica y a mantener una postura abierta hacia diferentes formas de coordinación que podrían informarnos de diferentes maneras sobre la situación tratada. En la práctica, esto significa que la atención de los terapeutas se centra en el desarrollo de sus interacciones con los clientes, donde simultáneamente «mantienen su propio terreno» (es decir, reconocen que aportan su propia comprensión a la interacción) *y* «dejan que el otro les suceda» (es decir, sienten curiosidad por lo que los demás aportan a esta interacción y permanecen abiertos a ser transformados por estas comprensiones) (Stewart y Zediker, 2000). La presencia radical consiste en estar abierto a la multiplicidad de visiones del mundo, de concepciones locales y de recursos para la acción.

La conversación interior del terapeuta

Rober (2008) presenta el concepto de la conversación interior del terapeuta como una manera útil de sintonizar con el cliente y crear un espacio dialógico de conversación en el que pueda articularse su historia. La conversación interior del terapeuta «se refiere a todo lo que el terapeuta experimenta, piensa, siente, pero no comparte en la sesión» (p. 251). Se caracteriza como una conversación que el profesional mantiene consigo mismo. Esto está en consonancia con lo que otros autores (Andersen, 1992; Anderson y Goolishian, 1992) han señalado como la necesidad de que, en la terapia, los terapeutas atiendan tanto a la conversación interna como a la externa.

No obstante, según Rober, su propuesta se centra en una forma más específica de entender el diálogo interior del terapeuta. El yo se entiende a través de una polifonía de voces interiores. Esa conversación interior se produce entre dos voces diferentes que componen su yo: el yo experiencial (compuesto por las observaciones, recuerdos, imágenes y fantasías que el terapeuta experimenta en una sesión) y el yo profesional (compuesto por el terapeuta que intenta dar sentido a sus experiencias en una sesión, mediante la formulación de hipótesis y la preparación de respuestas).

Rober se centra en la creación de un espacio interior reflexivo para el terapeuta, donde pueda reflexionar éticamente sobre sus experiencias y posiciones en la conversación, como medio para crear un espacio dialógico dentro de una sesión. Es dentro de este espacio interno de conversación donde se toman las decisiones del terapeuta respecto de lo que debe hacer a continuación, de modo que centrarse en esta conversación interna puede ser útil para que los terapeutas se guíen a través de los encuentros impredecibles y únicos que caracterizan el espacio dialógico de la terapia.

Personificación relacional

Como hemos señalado en repetidas ocasiones, la creación de significados suele ser el aspecto central del debate cuando consideramos la terapia como un proceso de construcción social. El modo en que se elaboran estos significados, no solo con palabras, sino con las actividades corporales de las personas en las relaciones, es un aspecto que algunos terapeutas consideran muy importante y que ha ganado más atención a lo largo de los años (Lannamann, 1998; Shotter, 2008; Anderson, 2012b).

En su análisis sobre los límites de la indeterminación de la construcción de significados en contextos terapéuticos, Lannamann (1998) sostiene que las prácticas arraigadas en la teoría de la construcción social se basen en lo que él denomina un materialismo receptivo. Se trata de una invitación a ver que «el significado se construye a partir de las expresiones materiales, momento a momento, de las personas que se dirigen y responden unas a otras en una situación que ha sido configurada históricamente» (p. 4). Desde esta perspectiva, Lannamann afirma que los terapeutas deben recordar que los significados se elaboran a medida que «los cuerpos se relacionan entre sí» (p. 9) en un lugar y un momento concretos. Es lo que él denomina *personificación relacional.*

Los efectos derivados de sostener un concepto de la encarnación relacional en la construcción del contexto dialógico de la terapia queda mejor reflejado en el relato que ofrece Shotter (2007) sobre las prácticas terapéuticas de Tom Andersen. Shotter explica que Andersen se centra en *sentir su camino a través de la práctica* mientras participa responsablemente en los hechos que se producen a su alrededor. Prestando atención a la «inquietud en su cuerpo», Andersen haría su siguiente movimiento en la conversación desde el interior, como una respuesta a las relaciones activas que se desarrollan a medida que terapeuta y clientes interactúan juntos.

Para expresarlo en palabras de Andersen (1992), «veo la vida como el desplazamiento hacia el futuro de mi persona de mis circunstancias y de las circunstancias de esas circunstancias. Los cambios de la vida al alrededor de mí se producen por sí mismos, no por mí. Lo único que puedo hacer es participar en ellos» (p. 77).

Construir el contexto conversacional de la terapia

Como hemos explicado en el capítulo anterior, en la terapia como construcción social nuestra atención se desplaza del *qué* de la práctica al *cómo* de la misma. El diálogo terapéutico no sucede simplemente; si se van a negociar y transformar significados es necesario prepararse para el diálogo. Por lo tanto, los terapeutas se interesan por negociar abiertamente el ámbito relacional local en el que se desarrolla la conversación terapéutica. Aquí, la participación de los terapeutas en el diálogo no se toma a la ligera. Los terapeutas reconocen que desempeñan un papel activo en la construcción conjunta de la realidad terapéutica y saben que sus elecciones en el diálogo tienen consecuencias. Las premisas de neutralidad del terapeuta (Selvini Palazzoli, Boscolo, Cecchin y Prata, 1980) se dejan atrás y dan paso a la comprensión de que la terapia es una actividad orientada hacia valores (Gergen y Ness, 2016).

Al explicar lo que ellos han denominado «la construcción del contexto conversacional» en el trabajo desarrollado con grupos, Vicente, Japur, César, Ruffino y Russo (2015) dejan clara esta concepción: «Al tomar ciertas decisiones sobre cómo trabajaremos con un grupo, sentimos que asumimos un compromiso ético con los efectos que producen nuestras prácticas» (p. 62). Esto se centra en una negociación abierta y verbal de *los formatos de diálogo: cómo pueden hablar e interactuar los participantes en un determinado contexto de terapia*. Esta situación, por supuesto, implica disposiciones administrativas prácticas, como el lugar, la duración de las reuniones y el pago, pero también propuestas más teóricas. La tabla 3.1 presenta algunas preguntas útiles y formas de preparar este terreno de conversación.

Además de estas cuestiones más generales que ayudan a los profesionales a preparar el contexto dialógico de la terapia, también hay quienes han propuesto formatos específicos para las sesiones que se centran en la construcción de la conversación hacia objetivos concretos. Los procesos de reflexión y las ceremonias de definición se describen a continuación como ejemplos de cómo organizar sesiones con objetivos concretos.

Procesos reflexivos

Tal vez la propuesta más famosa relativa a la creación de formatos específicos de sesiones terapéuticas sea la que formuló Tom Andersen (1987) sobre los procesos reflexivos. Los procesos se

Tabla 3.1. Ideas para negociaciones en contexto

PREGUNTAS	EFECTO DESEADO
«¿Es esta la clase de conversación que esperaba que tuviésemos? ¿Hay otra manera en la que podríamos o deberíamos hacer esto? ¿Hay preguntas que debería hacerle pero no le hago?» (McNamee, 2008, p. 12)	Reconocer que ambas partes son responsables de los significados negociados en la interacción y abrir espacio para los cambios en la conversación
«¿Cómo le gustaría a usted utilizar esta reunión?» (Andersen, 1992, p. 84)	Crear una relación más igualitaria con los clientes, en la que no haya un plan fijo sobre cómo debe ser la conversación
«¿Cuál es la historia de la idea que está detrás de esta reunión?» (Andersen, 1992, p. 85)	Entender, entre los participantes, quién tiene ganas de hablar y sobre qué, y trabajar a partir de ahí hacia los participantes más reservados
«¿Quién podría conversar con quién sobre qué tema en qué momento?» (Andersen, 1992, p. 85)	Crear conversaciones útiles que no repitan patrones de interacción previamente conocidos
«¿Cómo es que hoy nos encontramos juntos?» (Tomm, 1988, p. 5)	Liberar a los clientes para que exploren sus historias de manera aceptable
«Piense en un grupo en el que haya participado y que haya sido un buen grupo para usted. Intente decidir qué características puso a disposición y qué le ofrecieron los otros participantes y coordinadores del grupo en este grupo» (Vicente, Japur, César, Ruffino y Russo, 2015, p. 67)	Preparar a los participantes para compartir sus ofertas y peticiones con el grupo y los facilitadores

caracterizan por el continuo ir y venir entre las conversaciones internas y externas de cada participante, como se ilustra en el caso de Sandra que expusimos en el capítulo 2. Esto suele hacerse separando a los participantes en una conversación terapéutica en distintas posiciones. En un momento determinado personas que ocupan posiciones distintas se colocan de forma diferente en relación con la conversación terapéutica: un grupo se situará como el que tiene el privilegio de hablar, mientras que el otro grupo tendrá el privilegio de escuchar. Las personas que ocupan cada posición solo deben hablar entre ellas: no hay comunicación cruzada entre los dos grupos. Andersen pedirá a los participantes que se sitúen en una posición «reflexiva» (es decir, los que escuchan) que presten atención a sus propias reacciones y respuestas a la conversación porque más tarde se les invitará a compartir algo sobre su diálogo interior. La idea es crear *conversaciones sobre conversaciones*: se invita a cada grupo a reflexionar sobre la conversación entre el terapeuta y el/los cliente(s) por turno.

El formato original de los procesos de reflexión se llamaba «equipo de reflexión». Se crearon cuando Andersen y su equipo decidieron que, en lugar de mantener sus conversaciones *sobre* las familias detrás del espejo unidireccional, protegidas de ser escuchadas por las familias, podían invitar a las familias a escuchar *cómo pensaban y hablaban los terapeutas sobre ellas*. Esto se basaba en la idea de que escuchar y hablar son elementos que deben considerarse cuidadosamente en la terapia, y que es muy diferente participar en una conversación en la que una persona debe responder inmediatamente y, en cambio, en otra donde tiene la oportunidad de reflexionar sobre sus pensamientos, sentimientos y reacciones generados en el curso de la conversación antes de tener que dar una respuesta. A lo largo de los años, el equipo de reflexión ha evolucionado en muchos formatos diferentes que los terapeutas pueden adaptar a la realidad local y a los objetivos de cada sesión (Brownlee, Vis y McKenna, 2009; Pender y Stinchfield, 2012; García, Rodríguez y Cruz, 2020).

Ceremonias de definición

Las ceremonias de definición proceden de la tradición de la terapia narrativa (White, 2016), y ofrecen una estructura específica para las sesiones terapéuticas como un contexto destinado a enriquecer las historias de los clientes para una audiencia de testigos externos cuidadosamente seleccionados. Se estructuran como un proceso reflexivo que consta de tres pasos.

En primer lugar, la cliente refiere su historia de un modo que le resulte significativo. En este momento, se invita a los testigos a tomar nota de aquello que capta su atención, de las imágenes y metáforas que les vienen a la mente, de las experiencias personales que relacionan con la historia que están escuchando, así como de los sentimientos que experimentan mientras escuchan. A continuación, se invita a los testigos a compartir sus reflexiones en un relato ampliado de la historia y donde la atención se centra en sus resonancias y en cómo pueden contribuir a la identidad de la cliente. El último paso consiste en que ella explique nuevamente la historia ya contada, respondiendo a las resonancias de los testigos con las suyas propias.

Las ceremonias de definición ofrecen a los clientes la oportunidad de validar sus historias según sus propios términos, entre un público compuesto de personas que son importantes para ellos. Estas ceremonias parten de la idea de que las historias personales se crean en el contexto de las relaciones sociales, de modo que el hecho de invitar a otras personas a la sala de terapia es una forma de reforzar construcciones de identidad diferentes y más sostenibles, en el sentido de que, de alguna manera, se llevan a otros contextos de la vida de la cliente a través de la participación de sus testigos.

Crear recursos conversacionales

La terapia como construcción social propone que investiguemos los procesos relacionales en los que se generan y transforman significados en el contexto de la terapia. El modo en que esto puede llevarse a cabo es diverso, ya que cada teoría y modelo puede servir de inspiración a los profesionales para entablar la conversación terapéutica. El interés no se centra en las técnicas porque somos conscientes de que el funcionamiento de las técnicas específicas depende de las características especiales de cada interacción. En cambio, a lo largo de los años, muchos terapeutas han propuesto diferentes *recursos conversacionales* que sirven de inspiración a las prácticas terapéuticas.

Martins, McNamee y Guanaes-Lorenzi (2017) describen los recursos conversacionales como «posibilidades para entablar una conversación de maneras específicas, [...] [que] guían la atención de los profesionales hacia las formas en que interactúan, se relacionan y hablan con los pacientes y entre ellos, y hacia los efectos que producen determinadas formas de estar en la conversación mientras los interlocutores crean entendimientos particulares sobre sus problemas vitales» (p. 434). La creación de recursos es un proceso iterativo; en el proceso de ida y vuelta de participar en la atmósfera reflexiva de sus propias prácticas y dar sentido a lo que ocurre en ese proceso en el diálogo con los demás, los profesionales crean «recordatorios llenos de recursos» que les permiten participar de una manera nueva en sus siguientes interacciones (Katz y Alegría, 2009).

A continuación, hemos agrupado algunos de los recursos que los terapeutas han formulado en las últimas décadas y que les ayudan a comprometerse en sus interacciones cotidianas con los clientes con el fin de provocar el cambio.

Descripción de los fenómenos en términos relacionales

La terapia como construcción social permite a los terapeutas comprender que el lenguaje estructura las versiones de la realidad que las personas utilizan para enfrentarse a sus vidas y construye los mundos sociales que las personas habitan (Pearce, 2007). Por lo tanto, gran parte del trabajo de un terapeuta se relaciona con advertir sobre los diferentes vocabularios de los que disponemos para describir y comprender nuestras experiencias del mundo. En términos de salud mental y psicología, la gran mayoría de los «len-

Cuadro 3.3. Recursos conversacionales para describir fenómenos en términos relacionales

Responsabilidad relacional. McNamee y Gergen (1999) proponen el concepto de responsabilidad relacional como una invitación para que los profesionales estén atentos a los procesos de relación. En lugar de buscar culpables individuales, la responsabilidad relacional nos invita a acceder a un ámbito de investigación diferente, donde se prescinde de la búsqueda de culpables para centrarse en los procesos relacionales y en cómo generan significado. Esto se lleva a cabo de dos maneras complementarias. En primer lugar, la responsabilidad relacional aporta vocabularios para que los profesionales

guajes del sufrimiento» (Brinkmann, 2014) de los que disponemos describen la experiencia humana como un fenómeno individual en la que la fuente del sufrimiento y las posibilidades de cambio se encuentran en el interior de la persona (independientemente de que reciban el nombre de psique, mente o desequilibrios biológicos).

Es en este contexto donde la descripción de los fenómenos en términos relacionales se convierte en una valiosa fuente de recursos conversacionales. Esto se consigue cuando los terapeutas invitan a las personas a entender sus vidas, sus problemas y las posibles soluciones en términos de procesos relacionales y no como personas individuales, lo que, a su vez, cambia el enfoque de la acción terapéutica de los individuos a contextos más amplios de procesos relacionales. El cuadro 3.3 muestra ejemplos de prácticas basadas en esta concepción.

formulen preguntas diferentes y generen comprensiones relacionales de una situación. Por ejemplo, en lugar de preguntar a un paciente «¿cómo puede hacer esto usted solo?», un terapeuta podría preguntar «¿cómo puede invitar a las personas importantes de su vida a que se unan a usted para hacerlo». En segundo lugar, al describir «lo que ocurre» de forma diferente, se invita también a los interlocutores a realizar acciones diferentes, porque se modifica su relación entre ellos y con los acontecimientos que les rodean. Hablar a los otros internos de una persona, crear relaciones conjuntas, invocar realidades de grupo en las conversaciones y explorar diferentes conexiones entre los elementos de un sistema son ejemplos de cómo la responsabilidad relacional puede llevarse a la acción terapéutica.

(cont.)

Jugar con las palabras

Llegados a este punto debería estar claro que las palabras son muy importantes para entender la terapia como construcción social. Muchos recursos conversacionales surgen de esta premisa porque los terapeutas se vuelven muy sensibles al empleo de palabras específicas dentro de la relación terapéutica: cómo

Construcción del lenguaje relacional. Bird (2004) propone algunas prácticas conversacionales para la terapia de pareja basadas en el supuesto de que el lenguaje y las relaciones siempre se negocian de manera simultánea. Invita a las parejas a darse cuenta de cómo se ha dado por sentado el uso de determinados significados y palabras en sus relaciones. Esta práctica genera conversaciones en las que los interlocutores pueden reflexionar sobre los efectos que provoca el uso de ese lenguaje en su relación. Imaginemos que un miembro de la pareja acusa al otro de ser manipulador. Elaborar un lenguaje relacional puede implicar hacer preguntas del tipo: «¿cómo ha llegado a la conclusión de que el problema de su relación es que él es manipulador?, ¿qué efectos tiene esta conclusión en su relación?». En la negociación de esta clase de «conciencia relacional», Bird está menos interesada en acuerdos sobre significados que en crear un sentido compartido de que las palabras tienen efectos en las relaciones. Ness y Strong (2014) describen tres prácticas conversacionales con parejas que se derivan de esta idea: negociar posiciones discursivas conflictivas entre los miembros de la pareja, explorar la experiencia de dolor de un miembro de la

surgen ciertas palabras en la interacción y qué efectos crean al hablar. Llamar la atención sobre estas palabras, explorar sus usos específicos en el contexto, sentir curiosidad por su significado y la sensibilidad de los clientes a los efectos de esas palabras en sus experiencias se convierten en recursos poderosos en la construcción del cambio terapéutico. Véanse algunos ejemplos en el cuadro 3.4.

pareja en una relación a raíz de suposiciones tácitas, y negociar las relaciones de poder entre los miembros de la pareja. La investigación compartida sobre los resultados de las interacciones entre ellos es la base para la construcción de un lenguaje relacional que va más allá de las construcciones individuales del problema para cada uno de ellos.

Conocerse a uno mismo en otras voces. Martins, McNamee y Guanaes-Lorenzi (2017) presentan «conocerse a uno mismo en otras voces» como un recurso conversacional inspirado en el concepto de ser relacional (Gergen, 2015): cuando los clientes en terapia quieren entablar conversaciones sobre quiénes son, en lugar de recurrir a la comprensión del yo como una unidad central y esencial, los terapeutas pueden invitarles a encontrar múltiples descripciones posibles del yo en el contexto de sus relaciones con otras personas significativas en sus vidas. «¿Cómo te describirías cuando te peleas con tu madre? ¿Eres la misma persona que eres cuando hablas con ella en un contexto diferente? ¿Y cuando estás con tu mejor amigo? ¿Cómo te describirías entonces?».

Cuadro 3.4. Recursos conversacionales para jugar con las palabras

Wordsmithing. Según Strong (2009), *wordsmithing* es una actividad interpretativa en la que clientes y orientadores emplean y negocian creativamente el lenguaje para abordar circunstancias en las que las palabras se han quedado cortas para los primeros» (p. 266). Propone que es necesario estar en sintonía con la actividad lingüística de dos direcciones de la orientación si el profesional y el cliente van a elaborar conjuntamente un lenguaje compartido que les permita avanzar juntos.

Una perspectiva de cogestión del uso de las palabras en las conversaciones puede ayudar a que construyan juntos problemas y objetivos, personalizar intervenciones y tareas, así como poner palabras a lo inefable. Un *wordsmith* debe hacer sentirse cómodo con la improvisación en la conversación, dispuesto a abandonar las versiones supuestamente «correctas» del discurso profesional, mostrarse sensible a los múltiples usos que pueden tener las palabras y curioso por aprender con el cliente un lenguaje que se adapte mejor a ambos en esa relación concreta.

Como ejemplo, recordamos una situación con una cliente cuando describió sus sentimientos como «en peligro», solo para darse cuenta más tarde: «¿Es eso siquiera un sentimiento?».

La respuesta fue una que se escucha con frecuencia: «No se preocupe, aquí también trabajamos con palabras inventadas». También vimos un ejemplo de *wordsmithing* en el capítulo 2, cuando el terapeuta preguntó si Sandra estaba «cansada» en lugar de describirla como deprimida.

Rescatar las palabras de la gente. Paljakka (2018) proviene de una tradición narrativa que incluye escribir cartas y otros documentos a los clientes. Ella propone escribir poemas como documentos en terapia. La idea se centra en lo que ella llama «rescatar las palabras de la gente» en sus respuestas a las conversaciones terapéuticas.

Esto se consigue tomando nota cuidadosamente de las palabras reales que la gente dice en la terapia y que más tarde el terapeuta transformará en poemas. Estos poemas (creados a partir de «palabras rescatadas») ofrecen a los clientes la oportunidad de escuchar sus propias palabras en un contexto y una forma diferentes.

Según la autora, «esta es una de las respuestas más comunes de las personas cuando se les presentan sus propias palabras en forma poética: una sensación de sorpresa y placer al escuchar sus palabras y percibirse a sí mismas como hablantes de una forma ligeramente diferente» (p. 54).

Desempacar las palabras. Tom Andersen (1996) decía que «algunas palabras conmueven al hablante de tal manera que el oyente puede ver cómo le conmueven» (p. 121). A menudo pedía a sus clientes que «desempaquetaran» esas palabras especiales. «Cuando mira dentro de la palabra 'depresión', ¿qué otras palabras ve?». Su premisa es que una palabra conlleva muchas cosas: otras palabras, emociones, sonidos, música, historias e incluso vidas enteras. Al invitar a los clientes a prestar más atención a esas palabras que les conmueven y cambian su manera de relacionarse, Andersen creó oportunidades para que los clientes exploraran con mayor profundidad sus propias experiencias: podían expresar de una forma nueva aquellas cosas que les importaban.

Centrarse en los potenciales

En la mayoría de las formas de terapia tradicional existe una premisa implícita integrada que propone que, para que se produzca el cambio, primero debemos hablar de los problemas, analizarlos y comprenderlos plenamente. Aunque esta premisa puede crear conversaciones terapéuticas interesantes, algunos terapeutas cuestionan el supuesto de que sean siempre necesarias. Las conversaciones sobre potenciales y perspectivas, en las que terapeuta y clientes exploran lo que ya ocurre y funciona, así como aquellas en las que imaginan conjuntamente cómo podría ser el futuro sin que existiera el problema,

---

Cuadro 3.5. Recursos conversacionales para centrarse en los potenciales

Tarea de fórmula de la primera sesión. Los terapeutas centrados en soluciones entienden que su trabajo es dirigir las conversaciones terapéuticas lejos de los problemas y hacia interacciones más positivas y orientadas a la solución. Lo hacen con una serie de preguntas e intervenciones, como la «tarea de fórmula de la primera sesión»: «en el intervalo hasta la próxima vez que nos encontremos, queremos que ustedes observen qué sucede en su (elige una: familia, vida, matrimonio, relación) que ustedes quieren que continúe sucediendo, para que nos (me) puedan hablar sobre ello» (De Shazer, 1995, p. 156). La tarea tiene como objetivo crear con los clientes una expectativa implícita de cambio ya que los posiciona para investigar activamente sus interacciones en busca de resultados positivos que se desarrollarán en la terapia.

se proponen como un recurso fértil para la práctica. Estas conversaciones no pretenden restar importancia a los problemas en la vida de las personas y tampoco tratar de suavizar las situaciones complicadas, sino simplemente cuestionar el estatus de la conversación centrada en los problemas como única posibilidad, y proponer que la búsqueda de potenciales pueda ser una conversación útil en muchos contextos terapéuticos. Cuando hablamos de problemas, creamos una realidad saturada de problemas y vivimos en ella. Cuando damos voz a aquello que funciona bien, a los momentos fructíferos, creamos y vivimos dentro de una realidad de posibilidades. El cuadro 3.5 muestra ejemplos de estas prácticas.

Resultados únicos. White y Epston (1993) describen los resultados únicos como «hechos de nuestra experiencia (...) que no encajan en los relatos dominantes» (p. 29). Esto se basa en la idea de que los clientes suelen acudir a terapia con «historias saturadas de problemas» y que son narraciones de sus experiencias en las que el problema se ha convertido en algo tan central que organiza su vida. Se invita a los terapeutas a reconocer estos relatos como legítimos, al tiempo que investigan aquello de lo que la propia historia no puede dar cuenta. Surgen de la premisa de que los resultados únicos —que suelen ser momentos en los que el cliente se resiste a la influencia que ejerce ese problema en su vida— siempre existen, y que la labor del terapeuta es encontrarlos y ayudarles a narrarlos en la conversación terapéutica. Un terapeuta puede estar escuchando una de esas historias cuando se da cuenta de que hay una pequeña diferencia en una situación respecto de las demás. Entonces puede llamar la atención sobre esta

(cont.)

Crear conexiones

La construcción social sostiene que la vida es relacional. En otras palabras, nuestra forma de entender el mundo, y por tanto lo que consideramos real y significativo, nace en el contexto de nuestras interacciones con los demás. Esto lleva a los profesionales a considerar la terapia como un contexto de construcción y reconstrucción de relaciones en la vida de los clientes. La creación de conexiones es una clase de recurso conversacional que sensibiliza a los profesionales respecto de la primacía de los procesos relacionales en el modo de vida de las personas y les invita a entablar conversaciones y otras acciones con los clientes con el propósito de ampliar y reforzar sus redes de conexiones significativas tanto dentro como fuera de la sala de terapia. El cuadro 3.6 presenta algunos ejemplos de estos recursos conversacionales.

diferencia, como en: «Me he dado cuenta de que suele hablar de lo que siente en esta clase de situaciones como si estuviera triste, pero acabo de oírle decir que esta vez también sintió algo de alegría. ¿He oído bien? ¿Podría explicarme mejor qué le produjo alegría ese día?».

Prácticas de conversación de preferencia relacional. En sus conversaciones con las parejas, Carlson y Haire (2014) consideran útil investigar las preferencias relacionales, que están «centradas en ayudar a las parejas a identificar sus propias expectativas sobre cómo sus compañeros se experimentan a sí mismos como personas y como compañeros en la relación» (p. 7). Estas conversaciones ofrecen una

Cuestionar aquello que se da por hecho

Cuando los estudiosos sostienen que algo se construye socialmente, esa afirmación contrasta con la suposición de que ese «algo» es un fenómeno que se produce de forma natural. De este modo se hacen visibles los procesos sociales que intervienen en la construcción de gran parte de lo que inadvertidamente consideramos que simplemente existe. La construcción social cuestiona muchos aspectos del mundo que damos por sentados y nos lleva a plantearnos preguntas como: ¿de dónde procede esta comprensión?, ¿a qué responde?, ¿cuáles son los contextos sociales que dan sentido a esta posibilidad?, ¿qué intereses están en juego cuando se entiende el mundo de esta manera?

En la misma línea, en el contexto de la terapia cuestionar aquello que se da por hecho se convierte en un importante recurso conversacional. Cada vez que una clienta cuenta una historia o habla de algo que considera importante para ella, los terapeutas

oportunidad para que las personas manifiesten valores, creencias, ética y emociones en la audiencia de cada uno, donde los terapeutas están interesados en generar un sentido compartido de que la relación y las interacciones diarias desempeñan funciones importantes en la realización (o no) de estas preferencias para cada persona en sus vidas. Carlson y Haire citan como ejemplo las siguientes preguntas: «¿Qué espera de la forma en que su pareja piensa y siente lo que usted siente por ella como persona? ¿Qué espera de lo que siente su pareja cuando está en su presencia? ¿Qué tipo de sentimientos esperaría que él/ella pudiera percibir de usted acerca de lo que siente por él/ella como persona?» (p. 8).

Cuadro 3.6. Recursos conversacionales para crear conexiones

Mapa de redes sociales personales. Existe una influencia recíproca entre la red social de una persona y su salud. Esta es la premisa que guía las indagaciones de Sluzki (2010) sobre las redes sociales personales de sus clientes, que se definen como «un tejido relacional estable pero en evolución que comprende a nuestros familiares, amigos y conocidos de la familia; conexiones de trabajo y estudio, y relaciones que son el resultado de nuestra participación en organizaciones comunitarias formales e informales [...]» (p. 2). El mapa de redes sociales personales es un gráfico basado en informantes que especifica las conexiones sociales de una persona determinada como una constelación a su alrededor. El mapa se divide en cuatro cuadrantes (familia, amigos, comunidad y trabajo/estudios) y tres círculos (organizados desde el centro —más cercano a la persona— hasta los márgenes —relaciones sin intimidad—). Ofrece a los profesionales la oportunidad de crear con sus clientes una representación visual de sus relaciones sociales. Esto puede resultar útil para identificar y convocar a personas que estén disponibles para formar parte del tratamiento (por ejemplo, en sesiones colectivas), activar recursos ampliados en la vida de los clientes y estimularles para que apoyen y refuercen sus conexiones sociales por sí mismos.

Grupos de terapia social. Los grupos de terapia social de Holzman y Méndez (2003) se proponen como un recurso para crear puentes entre lo que sucede en las conversaciones terapéuticas individuales (que se consideran un paso de preparación para los grupos) y la vida cotidiana de las personas. El objetivo de estos grupos es involucrar a los participantes en la cocreación de sus propios contextos de vida y esto comienza dentro del propio grupo, cuyos métodos y modos específicos de trabajo son negociados por los propios participantes. El grupo se considera un entorno fértil para que los individuos actúen entre sí de diferentes maneras. Es un espacio relacional donde las personas pueden desarrollarse comprometiéndose de forma diferente y participando en la construcción de sus circunstancias vitales.

Sistemas organizados por problemas. En el campo de la terapia familiar, la cuestión de quién debe formar parte de la terapia puede responderse de distintas maneras, desde conceptos estructurados hasta conceptos de familia flexibles. Los terapeutas han elaborado numerosos criterios para tomar esta decisión. Anderson, Goolishian y Winderman (1986) proponen entender la terapia como un sistema organizado por problemas. Se centran en el propio proceso conversacional de negociar cuál es el problema y las vidas de quiénes se ven afectadas por él. La decisión sobre quién debe ser invitado se comparte con los participantes, basándose en la idea de que las conversaciones terapéuticas se organizarán para transformar conjuntamente el problema con aquellos que forman parte de él. «¿Quién cree que debería ser invitado a participar en una conversación sobre este problema?». Observado como un recurso conversacional, la negociación de un sistema organizado por problemas para la terapia reposiciona discursivamente las conversaciones sobre los individuos como problemas hacia conversaciones donde los procesos relacionales y su papel en la creación y mantenimiento de los problemas son centrales. La propia negociación de los participantes se convierte en una forma de crear y cambiar las conexiones de las personas a las que importa el problema.

> ## Cuadro 3.7. Un vistazo a las innumerables historias que se explorarán
>
> Se recomienda al lector interesado que consulte el modelo LUUUUTT de Barnett Pearce (2007). «El modelo LUUUUTT [...] es una heurística para explorar la compleja danza entre historias, patrones de acciones coordinadas y formas de contar historias» (p. 212). El acrónimo hace referencia a (1) historias vividas, (2) historias desconocidas, (3) historias no contadas, (4) historias no escuchadas, (5) historias que no se pueden contar, (6) historias contadas y (7) narración de historias.

no se limitan a dar por hecho lo que se ha dicho. Creen en su historia y, al mismo tiempo, sienten curiosidad por comprender cómo se construyó esa versión de la realidad como única realidad (es decir, la historia que se cuenta). Veamoslo en el cuadro 3.7.

Considerar las conversaciones terapéuticas bajo esta perspectiva abre posibilidades para que los interlocutores exploren conjuntamente distintas versiones que podrían construirse de forma más útil. Cuestionar aquello que es dado por hecho invita a los terapeutas a investigar los discursos que forman parte de la construcción de un dilema, qué voces están presentes en el proceso de hacer que esa realidad parezca natural, y a buscar alternativas. El cuadro 3.8 muestra recursos que ayudan a los profesionales en esta tarea.

El lenguaje y los procesos relacionales constituyen los conceptos fundamentales en las prácticas microsociales de la terapia como construcción social. En este capítulo, hemos explorado algunas de las maneras en que las prácticas terapéuticas– consideradas como un proceso de construcción social– se han desarrollado y puesto en marcha.

Cuadro 3.8. Recursos conversacionales para cuestionar aquello que se da por hecho

Malentendido creativo. Partiendo de la idea de que los significados se negocian en el diálogo y de que en las relaciones el significado siempre está abierto a la transformación, De Shazer (1993) propone que la creación de entendimientos mutuos no es posible en las interacciones humanas. Por el contrario, nuestras mejores esperanzas residen en *malinterpretarnos* continuamente de manera creativa. Esto se consigue no dando nunca los significados por hechos; un terapeuta mantiene los significados de una conversación abiertos y ambiguos de forma deliberada, porque es consciente de que siempre se están negociando, al igual que sucede con la posibilidad de cambio. Por ejemplo, si una cliente dice que está «deprimida», el terapeuta puede preguntarle: «Cuando habla de depresión, ¿en qué piensa?». Al cuestionar las suposiciones de la cliente sobre la naturaleza del problema, el malentendido creativo permite crear una conversación centrada en la solución.

Visión contraria. Madigan (2007) describe la visión contraria como una forma respetuosa de relacionarse con los clientes para hacer justicia a sus historias, su angustia, sus luchas y las formas de responder a ellas. Se invita a los terapeutas a indagar en estas historias reconociendo las complejidades que conllevan, es decir, que las preguntas de los terapeutas se dirigen tanto a la historia que se cuenta como a las posibles contradicciones de las que la historia no puede dar cuenta. Estas contradicciones se exploran con el propósito de abrir posibilidades divergentes para cuestiones que no se narran en la trama principal. «Ha dicho que siempre se siente mal cuando tiene que hacer una presentación en el trabajo, pero ahora he oído que la reunión que

(cont.)

tuvo la semana pasada le hizo sentir bien consigo mismo. ¿Cómo diría que sentirse bien fue para usted ese día?». La contraperspectiva se basa en una perspectiva crítica de los lenguajes profesionales asumidos; observa con recelo estas descripciones e invita a los profesionales a indagar con curiosidad de qué manera se originan y reproducen los problemas, cómo se establecen órdenes sociales opresivos en el discurso de los clientes y cómo las perspectivas de los terapeutas pueden estar limitadas por conocimientos previos expertos y disciplinarios, por citar algunos ejemplos. El objetivo es «levantar sospechas», es decir, buscar contradicciones en el relato, explorar con ellos cómo pueden dar sentido juntos a estas diferencias y reconocer y apreciar los actos dictados por la resistencia cultural.

Externalizar las conversaciones. Una concepción cultural dominante de los problemas lleva a la gente a creer que los problemas son reflejos de la identidad de una persona (es decir, son reflejos de su verdadero yo interior). White (2016) propone externalizar las conversaciones como un recurso conversacional que separa lingüísticamente la identidad de la persona de la identidad del problema. En términos prácticos, los terapeutas identifican el problema como una entidad y continúan interactuando con sus clientes como diferenciados de esta entidad que ejerce una influencia sobre ellos. «¿Cuándo fue la primera vez que notó que ‹Ansiedad› había entrado en su vida? ¿Qué tipo de cosas decía cuando entró en su vida?». El terapeuta actúa como un periodista de investigación, alguien que no da por hecha la participación del problema en la vida del cliente. En lugar de eso, la conversación terapéutica sirve para comprender las influencias que tiene el problema en la vida de una persona, la influencia de la persona en la vida del problema, así como para ayudar a encontrar formas de resistir estas influencias y crear una vida mejor, una vida en la que su identidad no esté definida en función del problema. ■

Nos interesan especialmente estas contribuciones organizadas en dos categorías principales: las prácticas que se ocupan de la construcción del contexto dialógico de la terapia y las prácticas que se centran en la construcción de recursos conversacionales para la terapia. Aunque hemos ofrecido una visión general de muchos conceptos y prácticas, esta es simplemente una manera de organizar la increíble variedad de contribuciones que han surgido en los últimos treinta años. Tomamos estas aportaciones como opciones discursivas que ofrecen posibles formas de relacionarse con los clientes en la práctica terapéutica. Esperamos que este análisis refleje de algún modo un poco de la vivacidad y la sensibilidad de estas múltiples prácticas y sirva de invitación para que los lectores profundicen y sigan buscando en las múltiples posibilidades de conversación terapéutica que construyen formas generativas para que los pacientes vivan sus vidas.

Resumen del capítulo

En este capítulo hemos presentado microprocesos de interacción como el enfoque original de la terapia como construcción social. En términos de microinteracciones entendemos la terapia como una actividad de construcción de significado. Presentamos dos contribuciones principales al campo de este enfoque; uno que nos ayude a crear contextos dialógicos de interacción en terapia y otro que proponga diferentes recursos conversacionales para la práctica. En el siguiente capítulo presentamos cómo se ha desarrollado en las últimas décadas un enfoque terapéutico a nivel macro, y cómo este nuevo enfoque puede ser útil para acercar los procesos terapéuticos y el cambio al ámbito social y a la vida pública.

Capítulo 4

El enfoque terapéutico en los macrodiscursos

En este capítulo abordaremos:

- Consideraciones teóricas y prácticas sobre los discursos macrosociales en terapia.
- La terapia como práctica social transformadora: dentro de las paredes de la sala de consulta.
- La terapia como práctica social transformadora: más allá de las paredes de la sala de consulta.
- Activismo terapéutico y justicia social.

Vivimos en comunidad y nos entendemos en función de nuestra historia, cultura, economía y leyes. La forma en que damos sentido a nuestras experiencias está totalmente entrelazada con los sistemas sociales de significado (Gergen, 1996), porque los macrodiscursos históricos, políticos, económicos y culturales influyen a diario en nuestras relaciones con los demás y con nosotros mismos. Por lo tanto, la definición de quiénes somos, cuáles son nuestros sueños y sufrimientos, cómo alcanzarlos y cómo afrontarlos, está a la vez permitida y circunscrita por el funcionamiento de la sociedad y el lugar que ocupamos en ella. Para comprender los desafíos y las formas de afrontarlos que traen los clientes a la consulta en cada conversación terapéutica, es esencial reconocer de qué manera los macrodiscursos sociales y culturales organizan y dan sentido al contexto en el que vivimos.

La importancia de las condiciones sociales e históricas en la manera de entender un problema y los servicios de atención que se ofrecen pueden entenderse fácilmente si tomamos el ejemplo del «embarazo adolescente» en las sociedades occidentales contemporáneas. En la actualidad, teniendo en cuenta la organización del trabajo en el mundo y las divisiones de los roles de género, el hecho de que las jóvenes de 16 años tengan hijos —normalmente fuera del contexto del matrimonio— se considera un problema social. La adolescencia, concebida como una fase del desarrollo humano en transición entre la infancia y la edad adulta, sugiere que el embarazo en este momento de la vida es un reto para el pleno desarrollo de la madre y el bienestar del niño, y por lo tanto una fuente de preocupación y sufrimiento para las personas implicadas. Es un fenómeno que ahora cuenta con la dedicada atención de varios grupos profesionales que desarrollan programas sociales dirigidos a la prevención y al apoyo cuando es necesario. Sin embargo, hace un siglo, era habitual que las jóvenes de esta edad experimentaran embarazos. Tanto la posición social de la mujer como la necesidad de una mano de obra numerosa normalizaban los embarazos jóvenes. De hecho, la noción de «adolescencia» era, en sí misma, inexistente. Tener hijos no requería ningún cuidado específico ni ninguna acción en el ámbito de las políticas públicas. En este ejemplo, vemos cómo las características de la sociedad en la que vivimos y el momento histórico en el que estamos insertos configuran nuestra forma de relacionarnos y de dar sentido al mundo y a nosotros mismos.

Consideraciones teóricas para los discursos macrosociales en terapia

En el ámbito de la terapia, la consideración de los macrodiscursos implica análisis teóricos y prácticos. Desde el punto de vista teórico, ha surgido una crítica de la contribución de los psicólogos y psiquiatras a la vida social y cultural, que a menudo incluye las formas en que la terapia podría responder al desafío de una vida justa para todos. Destacaremos brevemente dos de estas aportaciones.

La primera contribución es el reconocimiento de que diferentes comunidades crean conceptos, prácticas y estilos de vida que invitan a la construcción de otros mundos posibles (Hacking, 2001). En este sentido, la crítica de los efectos de los discursos macrosociales históricos, culturales y económicos ha sido una tarea inherente al trabajo construccionista. Gergen (1996), al investigar algunos impactos de las profesiones «psi» en la cultura estadounidense, observó el crecimiento del número de psiquiatras y psicólogos, así como del número de trastornos psicológicos identificados y clasificados. Identificó este crecimiento como un ciclo de «enfermedad progresiva», señalando las consecuencias de la cosificación del lenguaje mental y la proliferación del discurso del déficit, es decir, la producción de un debilitamiento de la cultura. La respuesta construccionista, sostiene Gergen, es la creación de vocabularios alternativos, la movilización antidiagnóstica y «que mudemos nuestra atención al sistema de interdependencias más amplio en el que las evaluaciones se generan, y reconsideremos cuál es el lugar del terapeuta en esta red» (p. 207).

Más recientemente, se ha reflexionado sobre en qué medida determinadas prácticas terapéuticas respetan los derechos colectivos de los clientes. Una ilustración significativa está presente en el análisis realizado por Von Peter *et al.* (2019) sobre cómo el diálogo abierto (un enfoque en salud mental de orientación construccionista social que se presentará más adelante) podría ser una forma de proteger los derechos humanos. Así, comparan los principios estructurales y terapéuticos de este enfoque con los proporcionados por la Declaración Universal de los Derechos Humanos y la Convención de las Naciones Unidas sobre los Derechos de las Personas con Discapacidad. Los autores muestran la compatibilidad del modelo de diálogo abierto con los principios de los derechos humanos. Lo hacen ilustrando de qué manera este enfoque tiene una «comprensión pospsiquiátrica de las crisis», promueve el fortalecimiento de las redes y la cohesión social, restaura la dignidad y fomenta la igualdad.

Estos dos ejemplos nos advierten de cómo ciertas orientaciones de la práctica terapéutica pueden tener consecuencias sociales inquietantes mientras que, al mismo tiempo, señalan la posibilidad de prácticas que promueven la dignidad humana. Invitan al terapeuta a adoptar una postura reflexiva, autocrítica, y alientan la producción de maneras alternativas de llevar a cabo la terapia. En este sentido, la teoría y la práctica van de la mano.

Consideraciones prácticas para los discursos macrosociales en terapia

Desde una perspectiva práctica, los autores construccionistas sociales también nos invitan a observar de qué manera están presentes los discursos macrosociales en la vida diaria de la terapia. Es decir, cómo contribuyen los procesos culturales, políticos y económicos a la aparición de problemas que llevan a la gente a terapia, así como a permitir o impedir determinadas modalidades de ayuda y asistencia. Esta visión construccionista de los seres humanos y la vida social presenta tres implicaciones importantes en el campo de las prácticas terapéuticas.

En primer lugar, en un intento de entender a la gente y sus problemas, el terapeuta desplaza la atención de la tradición de examinar aquello que se encuentra dentro de la cabeza de la gente a los discursos y relaciones sociales en los que están implicados los clientes (McNamee, 1996). Los terapeutas se muestran sensibles a la manera como los discursos sobre clase, género, sexualidad y raza, por ejemplo, contribuyen a las experiencias de los clientes relacionadas con el sufrimiento en lugar de tratar de identificar los procesos psíquicos, neurológicos o biológicos internos que explicarían ese sufrimiento.

En segundo lugar, el cambio promovido por la terapia ya no se entiende como algo que sucede dentro del cliente y, por lo tanto, se trata de una cuestión privada y particular. En lugar de eso, el cambio se reconoce como relacional, interpersonal, institucional y político. A medida que los terapeutas intentan comprender de qué manera las condiciones sociales más generales influyen en las vidas de la gente y en los problemas que llevan a la terapia, también se preguntan cómo repercuten los cambios en la vida social. ¿Cómo afectan a la salud mental de la gente las condiciones de vida, la educación, el trabajo, la vivienda, entre otros factores? Si se describe un problema en términos relacionales, ¿quién debería participar en la terapia y qué debería cambiarse? ¿De qué manera se actualizan los cambios en la sala de terapia dentro del conjunto de relaciones del que forman parte los clientes? ¿La terapia trata sobre adaptar a la gente a los contextos donde viven o sobre colaborar de modo que se conviertan en agentes de cambio en sus vidas y sus contextos? Este debate sobre qué tipo de cambio se busca en la terapia es fundamental.

En tercer lugar, es esencial mantener una posición reflexiva y crítica con el fin de analizar quién gana y quién pierde cuando adoptamos ciertas formas de organizar y dar sentido al mundo (Gergen, 2024). De este modo, el debate supera una dimensión técnica e instrumental y se afirma como un desafío ético y político. Por una parte, la posición construccionista sostiene la no neutralidad de cualquier práctica terapéutica. Es decir, reconocemos que los terapeutas apoyan constantemente sus acciones basándose en un conjunto de valores y creencias (Gergen y Ness, 2016). En consecuencia es esencial que los terapeutas reflexionen acerca de aquello que les moviliza en sus intervenciones clínicas. Por otra parte, al asumir la responsabilidad relacional (McNamee y Gergen, 1999), es decir, que todos estamos conectados y somos corresponsables del mundo que habitamos, se alienta a los terapeutas a reflexionar sobre el lugar que ocupan en la sociedad y en su función en el mantenimiento y la transformación del orden social.

La terapia como una práctica social transformadora

Los construccionistas, basándose en estas consideraciones teóricas y prácticas, han procurado elaborar descripciones de la terapia como una práctica social trasformadora (St George y Wulff, 2016). ¿Pero cómo puede ser la terapia socialmente transformadora? Algunos autores destacan la repercusión política que significa transformar las tradiciones terapéuticas basadas en las contribuciones construccionistas (Anderson, 2012a) y animar la resistencia ante la opresión social desde los contextos habituales de las prácticas asistenciales y las formas conversacionales asociadas a ellas (Winslade, 2018; Wulff y St George, 2018; Freedman y Combs, 2020). Otros autores proponen prácticas que fortalecen la conexión entre el mundo de la terapia y el mundo social, y desafían al terapeuta a que emplee prácticas que están comprometidas de manera explícita con el cambio social (Waldergrave, 2012; Holzman, 2020).

Es interesante recordar que, en términos históricos, las diversas propuestas construccionistas en el ámbito de la terapia estaban motivadas por las críticas formuladas contra el modelo de salud mental vigente. Estas críticas discrepaban de diferentes formas en la detección de prejuicios ideológicos, el desplazamiento del individuo como el foco de disfunción, la influencia de contextos sociales más amplios en la comprensión del proceso salud-enfermedad, la consideración de los supuestos del terapeuta en la construcción de la realidad terapéutica y la crítica de la opresión y la objetivación de los sistemas de clasificación de las enfermedades (Gergen y Ness, 2016).

Con el fin de ampliar el debate respecto del enfoque terapéutico de los discursos macrosociales, es importante analizar de qué modo pueden responder los terapeutas a los desafíos aportados por los procesos sociales, políticos y culturales en la práctica terapéutica diaria. Además, debemos examinar cómo se puede extender esta práctica más allá de las cuatro paredes de la consulta del terapeuta hacia ámbitos más generales de la vida social. Por último, esperamos invitarle a reflexionar sobre las formas en las que los terapeutas pueden contribuir al cambio social, en especial sobre su función como activistas sociales comprometidos en la búsqueda de justicia social.

Entre las cuatro paredes de la sala de consulta

En el campo de la terapia, los discursos macrosociales influyen en las principales cuestiones que abordan el cliente y el terapeuta: la definición del problema, los modelos terapéuticos de tratamiento, la estructura y disponibilidad de los servicios psicológicos y los recursos personales y sociales disponibles. ¿De qué manera, entonces, hacen frente los terapeutas a los efectos de los discursos macrosociales, sobre todo cuando producen injusticia? En este apartado presentaremos tres vías mediante las cuales los terapeutas, inspirados por la construcción social, han procurado responder a esta pregunta dentro de las cuatro paredes de la sala de consulta: 1) promoviendo prácticas socialmente justas basadas en el diálogo; 2) hablando sobre las desigualdades y la opresión, y 3) ofreciendo ayuda práctica a las personas en situaciones vulnerables.

Promover prácticas socialmente justas basadas en el diálogo

La relación que existe entre terapia y vida social no presupone una comprensión de lo que son los problemas sociales, cómo afectan a los clientes y tampoco de qué manera hacer frente a esos problemas. Por el contrario, la relación entre terapia y vida social señala la importancia de entender la justicia social como un proceso y, de este modo, mantener cierta flexibilidad en la manera de definirla. En este sentido, se nos advierte acerca del riesgo que supone cosificar un discurso relativo a la justicia en el contexto terapéutico, preguntando quién define qué es la injusticia social y haciendo hincapié en el hecho de que trabajar con los clientes desde una dicotomía opresor/oprimido puede limitar la complejidad de las múltiples identidades que ellos experimentan.

La terapia como un proceso de construcción social implica negociar con los significados socialmente disponibles en nuestra comunidad. El cambio de cada cliente se produce dentro de esta red de significados y relaciones, representa una transformación potencial de esa red y, por lo tanto, de la sociedad de la que forma parte. En este sentido, el cambio personal es potencialmente un cambio social y la terapia puede cambiar el mundo «de una conversación en una conversación».

Inspirados por las contribuciones del enfoque colaborativo-dialógico (Anderson, 1999), valoramos cómo una posición filosófica asumida por el terapeuta puede promover prácticas que sean socialmente justas (Bava, Gutiérrez, y Molina, 2018). En lugar de técnicas o maneras de hablar específicas, se ofrecen supuestos orientadores que invitan a formas diferentes de entender y de actuar dependiendo del momento y el contexto. Entre estos supuestos encontramos la idea del carácter inherentemente político de las acciones humanas y, por lo tanto, de cualquier práctica terapéutica. Este supuesto invita al terapeuta a analizar los efectos de sus acciones (Anderson, 2012a). Este enfoque privilegia el conocimiento de los participantes, valorando sus formas de describirse y entenderse a sí mismos, así como los procesos y desigualdades sociales a los que puedan enfrentarse. Por lo tanto, evita cualquier método que hayan elaborado previamente los terapeutas y les anima a reflexionar sobre su conocimiento previo y sus posibles prejuicios. La posición dialógica que es fundamental para este enfoque alienta las relaciones igualitarias en el contexto terapéutico. Aquí estamos interesados en cómo la gente co-construye realidades socialmente justas, incluidas las identidades del terapeuta y el cliente.

Se puede pensar en estas ideas en el contexto de su propia práctica terapéutica mediante una reflexión permanente sobre:

- Cómo el lenguaje de opresión/injusticia amplía o limita las posibilidades que tenga de cada conversación terapéutica.
- Para quién y cuándo resulta útil este lenguaje en el proceso terapéutico.

- Cómo puede crear un espacio reflexivo de modo que la terapia no reproduzca de manera involuntaria el sistema de injusticia.

Hablar sobre desigualdades y opresión

La vida social se organiza en torno a diferentes categorías jerarquizadas, con una distribución desigual de las posibilidades y oportunidades vitales. De este modo, las personas se identifican como pertenecientes a una clase social, raza, género, orientación sexual, nacionalidad, entre otras categorías, y cada una de ellas se asocia a un conjunto de ventajas e inconvenientes. En muchas partes del mundo, los salarios de los hombres son superiores a los de las mujeres, las minorías étnicas son el blanco de la policía y los inmigrantes son tratados con prejuicios y exclusión. Estas injusticias afectan a la vida de las personas y generan sufrimiento y preocupación.

En el contexto de la asistencia, los terapeutas pueden crear espacios para hablar sobre estas desigualdades y opresiones, explorando así posibilidades de construcción de nuevos significados sobre el problema que el cliente trae a terapia (Peretti, Martins y Guanaes-Lorenzi, 2013). En este sentido, Wulff y St George (2018) señalan algunas formas de promover estas conversaciones, tales como: investigar aquellos momentos cuando los clientes relatan situaciones vividas y que ellos consideran injustas; explorar la división de tareas en la familia, reconociendo los desequilibrios y cómo se relacionan con las expectativas y normas sociales; analizar cómo la discriminación social —en su variedad y modos— forma parte del sufrimiento relatado por los clientes, y analizar cómo los discursos sociales contribuyen a generar problemas.

Las conversaciones terapéuticas de este tipo se diferencian de las entrevistas basadas en una lista de preguntas destinadas a identificar las causas de un problema concreto. Por el contrario, pretenden ampliar, historizar y contextualizar los significados aportados por el cliente, conectando el sufrimiento personal con el colectivo. Son conversaciones que consideran las desigualdades sociales, evitan una visión del problema como localizado en el individuo y reconocen las diferentes posibilidades para todos los implicados según el lugar social que ocupan. Crean espacios para que los clientes identifiquen estas opresiones y creen formas de resistirlas. Veamos algunas situaciones en las que estas conversaciones pueden ser útiles:

Escena 1: Una pareja con diferentes antecedentes socioeconómicos y con familias de origen pertenecientes a diferentes clases sociales acude a terapia. Ambos hablan de las tensiones conyugales relacionadas con la gestión del dinero. No se ponen de acuerdo en las decisiones que hay que tomar sobre ahorrar para el futuro o invertir en su ocio inmediato, con acusaciones mutuas de irresponsabilidad y rigidez. ¿Cómo puede la sensibilidad ante la diferencia de antecedentes de la pareja orientarle sobre cómo proceder en esta conversación? Aquí presentamos algunas preguntas que podrían ser útiles: ¿cómo entiende la preocupación de su cónyuge?, ¿cuál es su historia personal en relación con el dinero?, ¿cómo cree que su clase social de origen puede influir en su forma de abordar las cuestiones relacionadas con la gestión del dinero?, ¿y la suya/la de ella? ¿Cómo pueden estar influyendo en sus percepciones la lógica económica de la sociedad occidental y las formas de pensar respecto del éxito?

Escena 2: Una madre se queja de las constantes peleas y la desobediencia de sus dos hijas adolescentes. Ella y su marido son empleados de una pequeña empresa local. Se siente abrumada y no sabe qué hacer. Las hijas se niegan a ayudar en las tareas domésticas y se quejan la una de la otra todo el tiempo. Las hijas se quejan de que cada una quiere su propia habitación, como su hermano adolescente, al que acusan de no ayudar en nada en casa. En el transcurso de la conversación con la familia se plantean algunas preguntas para intentar comprender y ampliar los significados de la situación: ¿cómo se decide la distribución de las tareas en la casa?, ¿qué hacen el padre, la madre, las hijas y el hijo?, ¿por qué hay expectativas diferentes respecto de las hijas y los hijos en lo que se refiere a las tareas domésticas?, ¿cuál es la visión de la maternidad que tiene cada uno?, ¿y la visión de la adolescencia?, ¿qué hacen las hijas cuando tienen un comportamiento correcto? ¿Cómo pueden ayudarle estas ideas a entender lo que ocurre en la familia?

Escena 3: Una mujer lesbiana habla de los esfuerzos que hace por dar lo mejor de sí misma en el trabajo y en las relaciones familiares, pero siente que nunca es reconocida por nadie. Se siente agotada, insatisfecha e incomprendida. Su familia conoce su orientación sexual, pero es un tema del que no se habla. En el proceso de exploración y comprensión de esta situación, algunas investigaciones útiles en este caso podrían ser: ¿cómo influye en este proceso el hecho de ser lesbiana?, ¿cómo se valora y reconoce a sus hermanos/compañeros de trabajo heterosexuales?, ¿puede la homofobia ayudarnos a entender algo de esta situación?, ¿cómo puede estar afectando su orientación sexual a la reacción de sus familiares/compañeros de trabajo? ¿Cómo puede estar afectando a sus esfuerzos y a su búsqueda de reconocimiento?

Estas preguntas pueden ser especialmente relevantes en parejas con distintos orígenes socioeconómicos, parejas multirraciales, familias con miembros LGTB y familias inmigrantes. Pero también pueden ser útiles en casos aparentemente imprevistos, ya que los discursos sociales sobre la vida humana pueden ser opresivos de distintas maneras y afectar a todos los miembros de la sociedad.

Es importante señalar que, dentro de una perspectiva construccionista, la aplicación de cada una de estas preguntas (como se describe en el capítulo anterior) debe considerar el momento interactivo y, por lo tanto, las preguntas se convierten en preguntas potenciales, pero no obligatorias. Alertan al terapeuta de la importancia de estos temas y amplían sus posibilidades conversacionales. D'Arrigo-Patrick, Hoff, Knudson-Martin y Tuttle (2017) investigaron de qué manera los terapeutas críticos y posmodernos consideran los discursos socioculturales y las cuestiones críticas al tiempo que reconocen estos discursos como una comprensión posible y abarcando de este modo la pluralidad. Estos autores identificaron un «activismo a través de la contraposición» basado en prácticas de concienciación y educación social, y en la valoración de la investigación crítica. También identificaron un «activismo a través de la colaboración» que aborda la educación social y señalan que esa forma de activismo acaba convirtiéndose en una forma de colonización. Para evitarlo, abogan por que sea el cliente quien lidere el proceso. Llegan a la conclusión de que los terapeutas que participaron en las entrevistas no tenían una forma establecida de actuar, «un dato que refleja la sensibilidad ante la singularidad de cada caso» (p. 579).

De manera significativa, estas conversaciones sobre las injusticias pueden impedir asimismo que, de forma involuntaria, los terapeutas reproduzcan en el contexto terapéutico las mismas opresiones sociales que sufren los clientes. Entonces, ¿cómo pueden prepararse los terapeutas para estas conversaciones? ¿Cómo podemos fomentar la sensibilidad orientándola hacia cuestiones de clase, raza, género y sexualidad para hablar de algunas opresiones cotidianas presentes en nuestra sociedad? Como punto de partida, los terapeutas pueden analizar las cuestiones siguientes: ¿qué es el clasismo, el racismo, el sexismo, la homo/lesbo/bi/transfobia, el edadismo, el capacitismo, entre otros? Muchos de estos debates han cobrado relevancia en los últimos años y no han formado (y a veces siguen sin formar) parte del currículo tradicional de formación de terapeutas.

Además, un ejercicio relativo a la reflexión personal puede abrir las posibilidades de entender la historia y los privilegios del terapeuta y de construir una sociedad más justa (véase el cuadro 4.1).

Ofrecer ayuda práctica a las personas en situaciones de vulnerabilidad

Los dos enfoques anteriores favorecen las intervenciones basadas en la conversación terapéutica, ya sea en la importancia de una postura dialógica para abordar cuestiones de justicia social o bien para de promover conversaciones sobre las desigualdades y la opresión. Además, estas formas de trabajar se aplican en aquellos contextos donde los clientes pueden no reconocerse como personas que viven situaciones de vulnerabilidad. Un tercer enfoque por parte de los terapeutas puede ser útil cuando los clientes reconocen las desigualdades y sus oportunidades vitales se ven restringidas ante los impactos de los discursos macrosociales. En estas situaciones se vuelven esenciales otras formas de intervención, además de las maneras de hablar.

Cuadro 4.1. **Un ejercicio de reflexión personal**

Dediquemos un momento a considerar sus privilegios como terapeuta. Considere las siguientes preguntas en relación con su historial personal y profesional.

- ¿Cómo aprendió lo que significa ser (pobre-rico, blanco-negro, hombre-mujer, homo-hetero, cis-trans)?
- ¿Cómo influye su aprendizaje sobre dicotomías como las enumeradas previamente en su manera de interactuar con otras personas? ¿Y con usted mismo?
- ¿Qué se gana y qué se pierde con estos significados?
- ¿Quién gana y quién pierde con estos significados?
- ¿Qué sufrimientos experimentan las personas por pertenecer a grupos sociales distintos del suyo?
- De alguna manera, aunque no sea intencionadamente, ¿participa en procesos que pueden causar el sufrimiento de otras personas?
- ¿Qué papel desempeña usted en la lucha contra las situaciones que fomentan ese sufrimiento?

Es importante que intente realizar esta reflexión como un ejercicio personal, una búsqueda de conocimiento y cambio, y no como una imposición externa. Solo así podrá construir nuevos significados, ampliar las posibilidades de acción y superar una eventual culpabilización propia o del otro, o la parálisis ante estos procesos sociales.

Collins y Arthur (2018) sugieren algunas prácticas que pueden facilitar que los clientes afronten estos retos:

- Facilitar el acceso a quienes tengan dificultades de movilidad desplazándose a su domicilio o utilizando los recursos de internet.
- Revisar las tarifas de las sesiones para quienes tienen dificultades económicas.
- Ayudarles a identificar los recursos sociales y comunitarios para hacer frente a las dificultades que experimentan (como servicios gubernamentales y no gubernamentales).
- Ofrecer cartas de referencia y facilitar el contacto y el acceso a otros servicios.

Estas prácticas deben negociarse con los clientes, considerando la naturaleza y los objetivos de la relación terapéutica y las responsabilidades de las personas implicadas en este proceso. Hay que ser sensibles a las necesidades específicas de las personas en sus contextos locales. Así, cada terapeuta debe evaluar los desafíos y recursos del contexto en la producción conjunta de las mejores formas de seguir adelante. En la bibliografía existen varias propuestas para trabajar con personas en situación de vulnerabilidad que pueden inspirar a los terapeutas (Ellis y Carlson, 2009; Ratts y Pedersen, 2014).

Más allá de las cuatro paredes de la sala de consulta

Después de haber analizado cómo reconocer y afrontar los impactos de los discursos macrosociales en la sala de terapia, nos queda pendiente la tarea de analizar de qué manera los terapeutas pueden contribuir a hacer frente a estos impactos más allá de las cuatro paredes de la sala de consulta. En esta sección analizamos cuatro enfoques para esta tarea: 1) promover conexiones con la comunidad; 2) ofrecer alternativas a la gestión de los conflictos sociales basadas en enfoques terapéuticos; 3) elaborar discursos alternativos que resistan la opresión, y 4) estimular la participación política de terapeutas y clientes. La presentación de cada uno de estos enfoques incluirá ejemplos de prácticas concretas bien establecidas en la bibliografía.

Promover conexiones con la comunidad

La comunidad es el contexto donde las personas viven, establecen relaciones, afrontan desafíos y obtienen apoyo. Durante mucho tiempo, diversas iniciativas en el ámbito de la salud mental han reforzado la relación con la comunidad como forma de construir la atención. En las últimas décadas, también se han desarrollado prácticas inspiradas en una sensibilidad construccionista con los mismos fundamentos.

Trabajar con la comunidad puede constituir un antídoto contra el riesgo siempre presente de individualización y psicopatologización de los problemas que se llevan a la consulta. Escuchar a las personas de la comunidad facilita el proceso de reconocer los problemas compartidos y las huellas sociales, políticas y económicas que deja el sufrimiento. Evita que los problemas de una persona se localicen en el individuo, como si estos fueran solo el resultado de un fallo de funcionamiento psíquico.

Del mismo modo, las prácticas comunitarias contribuyen a la transformación de la propia comunidad, ya que crean oportunidades para que los recursos comunitarios se identifiquen y se pongan a disposición de sus miembros. Las prácticas comunitarias también elevan la cultura y los conocimientos locales que, a su vez, orientan sobre las formas más útiles de organizar la conversación y pasan a formar parte de la comprensión y la resolución de problemas.

Los terapeutas han promovido de diferentes maneras la conexión con la comunidad en la producción de prácticas asistenciales. Dos experiencias exitosas de trabajo con la comunidad, desarrolladas por terapeutas con una sensibilidad construccionista, pueden servir de ejemplo e inspiración a las personas interesadas en este campo. Los dos enfoques son el *diálogo abierto* (Seikkula, Alakare y Aaltonen, 2001) y la *terapia comunitaria integrativa* (Grandesso, 2015).

Diálogo abierto

El diálogo abierto *(Open Dialogue)* es un enfoque de la atención a la salud mental desarrollado en Finlandia y dedicado especialmente a la atención de pacientes en situaciones de crisis psicótica (Seikkula, Alakare y Aaltonen, 2001). El trabajo no implica a toda la comunidad sino solo a una parte de ella y, en concreto, a la red social del cliente. Esta red, formada por familiares, amigos, compañeros de trabajo y otros profesionales afines, es invitada a participar en la primera consulta y a compartir las decisiones que se tomen sobre el tratamiento. De este modo, el centro de atención pasa del individuo y su familia a la red social. Si la red social reconoce una situación como crisis, se les invita a seguir el desarrollo del tratamiento hasta que la crisis deje de estar presente.

Según Seikkula y sus colegas (Seikkula, Alakare y Aaltonen, 2001; Seikkula, Arnkil y Erikson, 2003), tras el contacto inicial por parte de la familia cuando una persona se encuentra sufriendo una crisis psicótica, la primera reunión debe producirse en un plazo de 24 horas y debe organizarse un equipo de atención de crisis. El diálogo abierto busca implicar a los pacientes en su propio cuidado en un intento de prevenir la hospitalización. El profesional que recibe el contacto de la familia, tras comprender el problema, tiene la responsabilidad de movilizar los recursos necesarios y crear la posibilidad y las condiciones para el primer encuentro. A lo largo del proceso de tratamiento, el equipo debe adaptarse a las especificidades de cada caso (uso del idioma, formas de vida, frecuencia de las reuniones, etc.) y, si es posible, celebrar las reuniones en el domicilio del paciente. El equipo de seguimiento debe asegurar la continuidad del tratamiento, manteniendo reuniones con la red social del paciente, incluso cuando sean necesarias otras modalidades terapéuticas ofrecidas por otros profesionales. Al inicio del servicio, especialmente, es importante mantener reuniones frecuentes que amplíen la comprensión de la crisis y generen un sentimiento de confianza para evitar conclusiones y decisiones apresuradas, dejando así espacio a la incertidumbre. Todo tratamiento está guiado por una postura dialógica a través de la cual todos pueden hablar y se construyen nuevos significados entre las personas implicadas.

Teniendo en cuenta su naturaleza dialógica, no es posible describir los procedimientos y técnicas que debe adoptar el equipo, pero Olson, Seikkula y Ziedonis (2014) describen elementos clave para este tipo de práctica (véase el cuadro 4.2).

Terapia comunitaria integrativa

La terapia comunitaria integrativa (TCI) se creó en el contexto brasileño como una manera de trabajar con las comunidades pobres. Pretendía combatir la medicalización de la pobreza y el sufrimiento, la deshumanización de las prácticas psiquiátricas y la dependencia de la comunidad de los profesionales sanitarios. Inspirándose en las ideas construccionistas sociales y dialógicas colaborativas, la TCI propone algunas «sensibilidades orientadoras» al terapeuta en su trabajo con la comunidad. Estas sensibilidades orientadoras incluyen: a) considerar a la persona como autora de sus historias, que se reconocen como desarrolladas en sus múltiples relaciones; b) centrarse en los recursos y potencialidades,

---

Cuadro 4.2. Elementos clave del proceso de diálogo abierto

- Siempre que sea posible, es importante que haya varios terapeutas (al menos dos) en el equipo cuando se reúnan con la familia y la red social del paciente.
- Debe promoverse la participación de la familia y de la red significativa y la decisión sobre a quién se invitará y cómo se llevará a cabo debe ser compartida entre el equipo y la persona que solicita la ayuda del equipo.
- El proceso de colaboración se fomenta mediante el uso de preguntas abiertas desde el comienzo de la primera sesión del diálogo abierto.
- El diálogo se mantiene gracias a la atención y la respuesta del terapeuta a la presencia, las expresiones, las palabras y las preguntas del cliente.
- El terapeuta se centra en el aquí y ahora de la conversación, incluidas las reacciones y emociones inmediatas del cliente.
- El diálogo abierto abarca la multiplicidad invitando a todas las personas a compartir sus ideas y puntos de vista.

favoreciendo de este modo el empoderamiento de las personas y comunidades, y c) promover relaciones colaborativas y dialógicas (Barreto, 2008; Grandesso, 2015, 2020).

La TCI desarrolló una metodología para facilitar el intercambio de experiencias entre los miembros de la comunidad. Las sesiones de terapia comunitaria se desarrollan en espacios públicos (como plazas, parques, clubes), son facilitadas por un

- La conversación contiene un énfasis relacional y busca comprender cómo las situaciones que se discuten son producto de las relaciones.
- El terapeuta utiliza un «discurso normalizador» para mostrar cómo los llamados problemas tienen sentido en el contexto.
- El diálogo abierto valora las historias, no los síntomas, y crea posibilidades para que se generen y enriquezcan diversas narrativas.
- El equipo habla entre sí delante de la familia, compartiendo sus ideas y discutiendo las posibilidades de tratamiento, además de solicitar la opinión de la familia sobre esta conversación y la planificación.
- Los terapeutas son transparentes y abiertos, presentando sus ideas de forma exploratoria, e invitando a la familia y a la red social a planificar las siguientes reuniones.
- El equipo reconoce la importancia de todas las personas implicadas, está cerca de ellas y a su disposición, por lo que fomenta la seguridad y crea las condiciones para tolerar la incertidumbre y evitar que se tomen decisiones prematuras.

profesional formado y están abiertas a toda la comunidad. Las sesiones de TCI pueden celebrarse de forma regular o esporádica, dependiendo del interés de la comunidad y de la disponibilidad del equipo sanitario. La duración es de alrededor de una hora y media y constan de cinco etapas (Grandesso, 2020) (véase el cuadro 4.3).

Cuadro 4.3. Etapas de la terapia comunitaria integrativa

1. **Acogida y calentamiento.** El terapeuta se presenta, explica el propósito de la terapia, permite que las personas se presenten (diciendo su nombre) si así lo desean e inicia el canto de una canción de bienvenida. Asimismo comparte algunos acuerdos con los participantes, tales como hablar en primera persona, escuchar al otro en silencio, no juzgarlo ni aconsejarlo, y compartir poesía, música y dichos populares relacionados con el tema de la sesión.

2. **Elegir un tema de conversación.** El terapeuta invita a los participantes que así lo deseen a compartir un tema personal sobre el que les gustaría hablar, advirtiéndoles de que en estas sesiones no existe la confidencialidad. Los temas tratados suelen ser los conflictos interpersonales, el abuso de sustancias y la discriminación. Tras escuchar a los participantes, el terapeuta sintetiza los temas y el grupo vota para definir cuál será el centro de la sesión.

Como vemos, estos dos ejemplos muestran cómo el fortalecimiento de la comunidad anima a sus miembros a encontrar de forma colectiva alternativas a los problemas compartidos. Esta acción colectiva estimula la autonomía comunitaria basada en una ética de la solidaridad. Es importante señalar que la comunidad no se convierte en la única responsable de hacer frente a los pro-

3. **Contextualizar el tema.** El terapeuta anima a una participante a compartir la situación que está viviendo. A continuación, los demás participantes pueden hacer preguntas aclaratorias para comprender mejor los significados y el impacto relacional de lo que se ha narrado.

4. **Compartir el conocimiento local.** Basándose en el informe de la etapa anterior, el terapeuta formula una pregunta dirigida a los demás participantes que estimula la revelación de historias similares y expone los recursos y habilidades de la comunidad. Ejemplos de este tipo de pregunta son: «¿quién ha vivido ya una situación similar y cómo la ha afrontado?, ¿qué le ha ayudado?, ¿qué ha aprendido al pasar por ello?, ¿qué ha descubierto de esa experiencia que pueda ser útil para su vida?» (Grandesso, 2020, p. 189). Todos escuchan atentamente las historias que ofrece la comunidad.

5. **Ritual de clausura.** El terapeuta invita a los participantes a ponerse de pie, formar un círculo y compartir una reflexión final sobre las lecciones aprendidas. La sesión termina con una canción o baile propuesto por el terapeuta o la comunidad.

blemas, sino que se asocia con las instituciones y los trabajadores de salud mental.

Ofrecer alternativas a la gestión de los conflictos sociales basadas en enfoques terapéuticos

Además de las diferentes formas de atención terapéutica a los clientes en situación precaria, los terapeutas pueden contribuir a una sociedad más justa, igualitaria y pacífica mediante la elaboración de propuestas para hacer frente de manera colectiva a los problemas sociales. Los terapeutas utilizan sus conocimientos para entender los retos psicosociales y crear formas de intervención que puedan ser útiles para su transformación.

Un caso ejemplar de esta forma de práctica fue propuesto por un grupo de terapeutas familiares de Estados Unidos dentro de un proyecto denominado *Public conversations project* (Herzig y Chasin, 2006). A raíz de las tensiones, la intolerancia y la destrucción mutua que se produjeron entre los activistas de los movimientos sociales en relación con la cuestión del aborto, estos terapeutas asumieron la tarea de contribuir a la confrontación de este conflicto social en la ciudad en la que vivían.

A partir de sus conocimientos y experiencia como terapeutas familiares sistémicos (Chasin y Herzig, 1992), identificaron que muchos procesos de conflicto político se parecían a las luchas familiares crónicas, caracterizadas por la rigidez, la repetición y la división. Imaginaron que sus habilidades clínicas podrían ser útiles en entornos no clínicos. Un elemento central de su planteamiento era la crítica del debate como forma preferente de relacionarse con cuestiones públicas incongruentes. Estos terapeutas desarrollaron una intervención basada en la noción de diálogo. El objetivo del proyecto era el entendimiento mutuo entre los participantes y, potencialmente, la tolerancia y la coexistencia mutua. La propuesta consistía en sesiones de diálogo público, con una frecuencia y una composición variables, que seguían una estructura concreta. Normalmente, invitaban a los participantes a la sesión con antelación, explicándoles los objetivos y procedimientos. En otras palabras, los facilitadores del proceso de diálogo preparaban a los participantes para que acudieran a la sesión programada con espíritu de curiosidad, frente a su típico deseo de persuadir a sus oponentes. El diálogo comenzó con una comida compartida en la que estaba prohibido hablar del tema del diálogo. Esta reunión inicial permitió a todos los participantes verse como personas y no como «posiciones» sobre un tema. Cuando terminó la comida, el grupo se trasladó a la sala de diálogo. Se les recordaron las reglas básicas que se habían compartido antes de la sesión: no interrumpir, no insultar, todos podían hablar el tiempo que necesitaran y todos eran libres de «pasar» si decidían no responder a alguna de las tres preguntas que guiaban el diálogo. Estas preguntas eran:

«Nos gustaría que contara algo sobre su propia experiencia vital en relación con el tema del aborto. Por ejemplo, algo sobre su historia personal con el tema, cómo se interesó por él, cuál ha sido su implicación» (Becker *et al.*, 1995, p. 155).

«¿Qué es lo más importante para usted como individuo?» (Becker *et al.,* 1995, p. 156).

«Muchas personas tienen algunas zonas grises dentro de su planteamiento general sobre el aborto, algunos dilemas sobre sus propias creencias o incluso algunos conflictos en su interior. [...]. Hemos descubierto que es productivo y útil que la gente comparta los dilemas, luchas y conflictos que tienen dentro de su punto de vista predominante. Les invitamos a mencionar cualquier foco de incertidumbre o menor certeza, cualquier preocupación, conflicto de valores o sentimientos encontrados que puedan tener y deseen compartir» (Becker *et al.*, 1995, p. 157).

Estas preguntas se formularon de una en una, en modelo secuencia, permitiendo que cada participante respondiera a su vez. Tras responder, los participantes conversaron entre ellos y, al final, se realizó una evaluación de la reunión.

Desde su creación, este modelo ha sido utilizado en diferentes campos de la esfera pública, como la preservación del medio ambiente, los prejuicios de clase social y la polarización política, entre otros. En general, este modelo contribuye al cambio social mediante la revitalización del proceso de discusión pública, combatiendo la demonización en la política y sensibilizando a los diferentes actores sociales (Rasera, 2020).

Producir discursos alternativos que resisten la opresión

Si entendemos que damos sentido al mundo a partir de los discursos sociales disponibles, y que muchos de esos discursos generan sufrimiento y exclusión, los terapeutas pueden contribuir a una práctica socialmente transformadora al colaborar en la producción de nuevos discursos sociales. Sin embargo, ¿qué discursos deben producirse? ¿Quién debe dictar su proceso de producción y su contenido?

Como hemos visto, las propias disciplinas relacionadas con la psicología contribuyeron a la producción de una cultura del déficit y a la patologización de la sociedad (Gergen, 2024). Inicialmente, por lo tanto, los terapeutas deben reflexionar sobre las teorías que guían su práctica: ¿en qué contexto surgen (por ejemplo, académico, clínico, social)? ¿Cuál es la visión de la persona y la sociedad que subyace en ellas (por ejemplo, la persona como individuo autónomo; la sociedad como determinante de la identidad individual)? ¿Quién gana y quién pierde con esta manera de entender los problemas y sus soluciones (profesionales o clientes, empresas o comunidades)? ¿Cómo participa la práctica terapéutica en el mantenimiento o la transformación del mundo que habitamos (se tienen en cuenta cuestiones sociales/culturales más amplias o solo la «psique» del cliente)? Esta actitud de reflexión y autocrítica permanentes es un aspecto fundamental de la práctica de los terapeutas con sensibilidad construccionista. Favorece el mantenimiento de una mirada crítica sobre los conocimientos generados en el seno de las disciplinas psíquicas. Además de las teorías y técnicas, esta reflexión ayuda a mantener al terapeuta abierto a la transformación de su propia práctica y puede ayudar en el proceso de cuestionamiento de su papel de experto, presunto poseedor del verdadero conocimiento sobre la mejor manera de vivir para sus clientes.

Con el fin de evitar las trampas del conocimiento especializado, se considera a los clientes como socios fundamentales en la producción de nuevos discursos sociales. Partimos del supuesto de que ellos conocen el impacto que tienen determinados discursos sociales en la producción del sufrimiento cotidiano. Saben de qué manera los discursos sociales capturan pensamientos y sentimientos, cómo se infiltran en las relaciones y amenazan las posibilidades de disfrutar de una vida confortable. Del mismo modo, saben cómo enfrentarse a estos discursos, cómo resistirse a ellos, cómo convocar refuerzos para su confrontación y cómo reducir el poder de los mismos. De este modo, los clientes son socios privilegiados en la producción de nuevos discursos sociales que resisten la opresión. Dos prácticas desarrolladas por los terapeutas narrativos ilustran cómo producir este conocimiento local y alternativo con los clientes: las ligas y los documentos colectivos.

Las ligas

Las ligas están formadas por un grupo de personas que experimentan problemas similares, que normalmente ya han participado en diferentes modalidades terapéuticas (terapia individual, de grupo, familiar, etc.) y que comparten los conocimientos desarrollados en dichas experiencias. Son clientes, familiares y colaboradores que se unen en el proceso de resistencia a los discursos sociales e institucionales que fomentan determinados problemas. Las ligas comparten conocimientos a través de archivos que contienen relatos, cartas, poesías, dibujos, entrevistas, transcripciones y artículos. A través de este conocimiento, los miembros de las ligas llaman la atención de los profesionales, los medios de comunicación y la opinión pública sobre la importancia que reviste examinar determinadas formas de entender y tratar los problemas a los que deben hacer frente (Madigan y Epston, 1995).

Un ejemplo de esta práctica es la «Liga contra la anorexia y la bulimia». En el proceso de atender a clientes que se enfrentaban a los desafíos de la anorexia y la bulimia, David Epston hizo circular entre ellos distintos tipos de documentos que daban testimonio de dicha experiencia. Asumiendo la importancia del lenguaje «anti» anorexia y bulimia, estos documentos se materializaron como formas de protesta y resistencia, y ofrecieron a sus miembros significados alternativos de inspiración y esperanza. De este modo, los conocimientos identificados y reforzados en el proceso terapéutico trascendieron el ámbito del consultorio y llegaron a otras personas de la comunidad. Actualmente, este archivo tiene carácter público y en él se pueden consultar ensayos, cartas de terapeutas, preguntas formuladas a los terapeutas, arte, poesía, entrevistas, conversaciones y transcripciones. Está disponible en https://narrativeapproaches.com/resources/anorexia-bulimia-archives-of-resistance/.

Documentos colectivos

Los documentos colectivos también crean significados alternativos basados en el conocimiento de personas que han sufrido distintos tipos de dificultades y que realizan una contribución a la comunidad. Denborough (2008) afirma que «el propósito de estos documentos es expresar colectivamente una serie de habilidades y conocimientos adquiridos de forma dolorosa y, paralelamente, reconocer las circunstancias en las que se aprendieron gradualmente» (p. 36). Según Denborough, aunque no existe un procedimiento estricto a seguir, el proceso de elaboración de los documentos suele presentar algunas características comunes (véase el cuadro 4.4).

Estos documentos se han utilizado en diferentes contextos relacionados con un trauma colectivo, incluyendo epidemias, conflictos militares, guerras, expropiación de tierras, racismo, entre otros (Denborough, 2008, 2018). Véase un ejemplo en el cuadro 4.5.

Movimiento Escuchando Voces

Otra práctica que contribuye a la producción de discursos alternativos que se resisten a la opresión y el sufrimiento es el movimiento *Hearing Voices* (Hayward y May, 2007). Se trata de un movimiento internacional que cuestiona el discurso médico sobre las «alucinaciones auditivas» y las redescribe como «experiencias de audición de voces». En lugar de entender las voces como un fe-

Cuadro 4.4. Proceso de los documentos colectivos

- **Planteamiento del material con un grupo de personas.** El terapeuta explora las habilidades/conocimientos de las personas, las historias que las rodean y su conexión con las tradiciones colectivas.

- **Redactar el documento.** A partir del material recogido, el terapeuta elabora el documento que presenta las habilidades/temas de los participantes, mezclando voces colectivas e individuales, aportando historias ricas y manteniendo la diversidad de los relatos. El borrador de este documento que elabora el terapeuta debe recibir comentarios de los participantes.

- **Volver a narrar el documento.** El terapeuta organiza una ceremonia para volver a narrar oralmente el documento colectivo junto con los participantes, generando un sentimiento de comunidad, reconociendo el sufrimiento experimentado y la capacidad de resistencia y curación, y contribuyendo a la memoria colectiva.

- **Promocionar la contribución.** Al final del proceso, el terapeuta colabora para que el documento se convierta en una aportación para otras personas que viven situaciones similares, ya sea compartiéndolo con otros profesionales y grupos, colgándolo en una página web y otras formas que den visibilidad al documento.

(Basado en Denborough, 2008.)

nómeno psicopatológico, este movimiento propone centrarse en comprender a las personas que las escuchan, ayudarles a construir una forma satisfactoria de relacionarse con las voces y promover el apoyo mutuo y la lucha contra los prejuicios.

La colaboración se inició entre un psiquiatra (Marius Romme), una investigadora (Sandra Escher) y una portadora de voz (Patsy Hage) y surgió a raíz de la invitación formulada por Romme y Escher a personas que no eran pacientes oyentes de voz para que relatasen cómo afrontaban esas experiencias. Estos oyentes de voz no pacientes participaron en un congreso y, a través de la investigación con otros oyentes de voz, se elaboró un paradigma alternativo al tratamiento psiquiátrico y el movimiento se extendió por todo el mundo (Romme y Escher, 1989).

Según Corstens *et al.* (2014), los valores clave de este movimiento son reconocer que: a) oír voces forma parte de la experiencia humana y no sugiere necesariamente un problema psiquiátrico; b) las personas utilizan diversos marcos para interpretar el origen de las voces que escuchan; c) se privilegian los significados aportados por las personas que escuchan voces para explicar sus experiencias; d) escuchar voces adquiere significado en el contexto de la historia vital de la persona; e) acoger las explicaciones aportadas por las personas que escuchan voces puede ser más útil para la recuperación que silenciarlas, y f) el apoyo entre iguales es una herramienta importante para ayudar a las personas a comprender y afrontar la experiencia de escuchar voces.

El movimiento se refuerza en la vida cotidiana a través de los «grupos de escucha de voces», que son grupos de apoyo entre iguales en los que personas que escuchan voces, familiares y profesionales exploran, en un espacio seguro, la comprensión de la experiencia de escuchar voces y las formas de afrontarla. Además, los congresos anuales y los intercambios en la red internacional,

Cuadro 4.5. Un ejemplo de un documento colectivo: El tatami de la vida

O tatame da vida [El tatami de la vida] es un proyecto comunitario desarrollado en colaboración con profesores de artes marciales y terapeutas narrativos asociados a la ONG Reciclando Mentes de Río de Janeiro (Brasil). Esta iniciativa ofrece clases de artes marciales a adolescentes de comunidades pobres. El siguiente texto fue escrito por el equipo de terapeutas narrativos junto con los profesores del proyecto para documentar nuevos aprendizajes sobre cómo afrontar la vida cotidiana. El texto se basa en la experiencia de El tatami de la vida y reflexiona sobre las tradiciones locales teniendo en cuenta los desafíos actuales a los que se enfrenta la comunidad.

La sabiduría de la lucha en el tatami aplicada a la lucha de la vida: historias sobre retos y su superación

El 10 de agosto de 2013, se celebró un encuentro especial, en el que se compartieron reflexiones muy importantes: los desafíos que implica trabajar con niños en el universo de la lucha y las historias sobre la adversidad y la superación de las dificultades. Estuvieron presentes Rogério Nogueira, responsable del proyecto *Guerreiros do futuro* [Guerreros del futuro]; Eduardo Henrique Soares, coordinador de los profesores del proyecto; Ricardo Cavalcante, responsable del proyecto *Faixa preta de Jesus* [Cinturón negro de Jesús], y miembros del equipo de profesores de ambos proyectos. La riqueza de las historias contribuyó a la creación de este documento único, que contiene la sabiduría que estos profesores adquirieron no solo en la práctica de la lucha en el tatami, sino especialmente en la lucha por la vida.

La diferencia entre luchar en el tatami y las peleas callejeras

La lucha en el tatami es transformadora. Muchos de nosotros encontramos en ella la posibilidad de hacer aquello que nos gusta sin causarnos daño y abandonando la emoción de las peleas callejeras por la adrenalina del tatami.

Para la mayoría de nosotros, luchar en el tatami es un deporte útil, sobre todo por el respeto que aprendes a tener por tu rival. En el tatami hay disciplina y reglas. A través de la lucha aprendemos a perseguir nuestros objetivos, independientemente de las dificultades. La lucha es un medio de conquista.

Para algunos de nosotros, la lucha callejera es una forma violenta de expresarnos que siempre nos recuerda un pasado al que no queremos regresar. Es golpear a la hora de la ira, de la emoción, y sin disciplina. No hay respeto por el adversario. Lo que se hace en la pelea callejera está prohibido en la pelea sobre el tatami. En la pelea callejera, los problemas se resuelven intercambiando puñetazos y patadas con cualquiera que se interponga en tu camino. Una persona piensa que ser valiente es golpear a los demás por razones inútiles. En la pelea callejera, quieres imponer tus ideas por la fuerza. La pelea callejera tiene lugar en la calle y causa mucha confusión.

En la lucha sobre el tatami se practica todo lo que te han enseñado, pensando en la mejor manera de mantener el cuerpo y la mente sanos. Para muchos de nosotros luchar en el tatami es una filosofía de vida. Ofrece la posibilidad de superar a adversarios difíciles como las drogas, la delincuencia, el acoso escolar y la falta de dinero.

En la lucha esperamos una vez más que el mundo pueda ser un lugar mejor.

(Agradecemos a Lucia Helena Abdalla y al equipo de Reciclando Mentes por hacer que este material estuviese disponible para su publicación.)

promovidos por el movimiento, animan la difusión de esta forma de entender esas experiencias.

Cabe destacar que los nuevos discursos también generan nuevas identidades. Además de la identidad del cliente, las personas pueden convertirse en «oyentes de voces». Como tales, se convierten en «especialistas por experiencia» y los profesionales sanitarios en «especialistas por profesión», redefiniendo así jerarquías y lugares sociales. Algunos oyentes de la voz se convierten incluso en trabajadores remunerados de apoyo entre iguales, así como en activistas que forman a académicos y profesionales de la salud mental.

Es importante señalar que estas prácticas no tienen como objetivo fundamental generar un discurso final sobre problemas específicos y sus enfrentamientos. Señalan la importancia de transformar significados más allá de la conversación inmediata con los clientes y contribuyen a la circulación de nuevas ideas en la sociedad, cuestionando la estabilidad y el alcance de algunos discursos. En este sentido, constituyen una forma de activismo social.

Estimular la participación política de terapeutas y clientes

Los terapeutas pueden desempeñar una función importante en la elaboración de políticas públicas y en la defensa de los derechos de los clientes. En concreto, los terapeutas pueden contribuir a aquellas políticas que están directamente relacionadas con las poblaciones con las que trabajan. Dada su formación teórica y su experiencia práctica, los terapeutas cuentan con una preparación especial para promover políticas destinadas a satisfacer las necesidades y respetar las especificidades de sus clientes. En un sentido más amplio, también pueden contribuir a la calidad de la vida pública y al bien común mediante su participación en debates centrados en la construcción de una sociedad más inclusiva y justa. Desde la perspectiva de la responsabilidad relacional, estas tareas dejan de ser ajenas a la práctica profesional, como supuesta actividad complementaria o alternativa, y se convierten ellas mismas en formas de una actividad terapéutica socialmente transformadora.

Cuando reflexionan sobre posibles formas de participación política por parte de los terapeutas familiares, Jordan y Seponski (2017) sugieren que estos pueden asumir diez funciones diferentes: el comunicador es quien está informado, actualizado y comprometido en debates sobre cuestiones políticas; el elector es quien vota en la convocatoria de elecciones; el individualista es quien se pone en contacto con los organismos gubernamentales con el fin de resolver problemas personales; el militante es alguien que trabaja para apoyar a un partido o candidato políticos; el defensor es quien defiende los derechos de las personas usuarias de un servicio, en términos internos y externos; el lobista es la persona que se pone en contacto, por diferentes medios, con diversos actores gubernamentales respecto de asuntos colectivos; el persuasor es quien utiliza su conocimiento profesional ante la opinión pública para defender las agendas políticas; el colaborador es la persona que participa en grupos formales o informales para defender los derechos del cliente; el testigo es el que participa en audiencias públicas para debatir cuestiones políticas, y el activista es quien participa activamente y de una manera organizada en grupos que defienden o bien protestan contra las políticas del gobierno. Este trabajo se basa en un modelo de participación política entre trabajadores sociales propuesto Dietz Domanski (1998). En la tabla 4.1. se ofrecen ejemplos de las acciones del terapeuta.

Cabe señalar que esta forma de participación política puede adoptar posiciones incluso más importantes. Por ejemplo , miembros de la comunidad de terapia social (Holzman, 2020), además de participar en movimientos sociales, colaboran en el lanzamien-

Tabla 4.1. Ejemplos de la participación política del terapeuta

Prototipo	Ejemplos de acciones del terapeuta
Comunicador	Analiza con miembros de la familia la dirección de la política nacional
Elector	Vota en las elecciones nacionales
Individualista	Contacta a los representantes del gobierno municipal para resolver los problemas de su vecindario
Militante	Participa en la campaña de un candidato a un cargo oficial con quien se identifica
Defensor	Defiende un cambio en el horario de apertura del servicio donde trabaja para ofrecer servicios a las familias de pacientes que trabajan durante el horario regular de funcionamiento del servicio
Lobista	Contacta a los representantes del gobierno nacional respecto de la política del tratamiento de personas con problemas de drogadicción
Persuasor	Concede entrevistas al periódico local sobre las necesidades y el cuidado de los niños transgénero y el necesario mejoramiento de los servicios para esta población
Colaborador	Colabora en el mantenimiento de una coalición para la acción social en defensa de la atención sanitaria a personas con autismo
Testigo	Participa en audiencias públicas relativas a la nueva legislación sobre alienación parental
Activista	Participa en protestas contra la reducción de financiación de los servicios de salud mental

Basada en Jordan y Seponski, 2017.

to de candidatos para las elecciones de cargos públicos. De modo que buscan el cambio social de forma colectiva y mediante la política representativa institucionalizada, como podemos ver en la breve historia de la terapia social en el cuadro 4.6.

Esta forma de acción política por parte de los terapeutas también representa una invitación a la participación política de los clientes. En este sentido, una forma de escucha políticamente sensible puede ayudar a que el terapeuta reconozca problemas sociales compartidos por los participantes y habilitar un espacio para distintas formas de compromiso político por parte de los clientes. Entre estas formas se incluyen ponerles en contacto con otras personas y organizaciones que deben hacer frente a problemas similares y promover su participación en acciones sociales y de defensa. Dos casos pueden ilustrar estas prácticas:

Caso 1: Boucher (Mackie y Boucher, 2018) informa que una mujer supervisada estaba trabajando individualmente con otra que corría el riesgo de perder su casa debido a una ejecución hipotecaria por parte del banco. Él, como supervisor, investigó con otros supervisados si había otros clientes que se encontrasen en una situación similar. Se enteró de que un grupo comunitario local estaba luchando contra la ejecución hipotecaria y planeaba organizar una manifestación. Informó de ello a los clientes que se enfrentaban al mismo problema. Boucher acompañó a la supervisada y, durante la manifestación, observó la presencia de otros dos clientes. Estos se involucraron en acciones a favor del derecho a la vivienda en la ciudad, redefiniendo así el problema que ellos mismos habían experimentado.

Caso 2: En sesiones de terapia de grupo con personas que viven con el VIH/sida, Rasera (2006), que facilitaba las sesiones de grupo, escuchó cómo los participantes estaban preocupados y angustiados por el retraso en el suministro de medicamentos por parte del sistema sanitario público y las graves consecuencias que significaba esto para su atención sanitaria. Cuando dos clientes hablaron de la necesidad de hacer algo, el terapeuta alentó esta conversación e investigó: ¿cómo podrían hacerlo?, ¿qué pasos serían necesarios para lle-

Cuadro 4.6. Breve historia de la terapia social

La terapéutica social es una metodología creada para el desarrollo de personas y comunidades, una forma de terapia y activismo social basada en la actuación influenciada por las contribuciones teóricas de Marx, Vygotsky y Wittgenstein. Fred Newman y Lois Holzman, impulsores de esta metodología, señalan que la terapéutica social es un medio para que sus participantes creen un entorno donde son posibles otras actuaciones, en el que puedan ser quienes aún no son.

La terapéutica social se desarrolló a partir de la terapia social, creada en la década de 1970 en Estados Unidos. Era una forma de terapia que conectaba los ámbitos personal y político, cuestionaba el autoritarismo, el sexismo, el racismo y la homofobia, y reconocía el sufrimiento provocado por el capitalismo. Su desarrollo está vinculado al de la comunidad de terapeutas sociales nacido de ella. En sus inicios, esta comunidad tenía como objetivo empoderar a los miembros más pobres de la sociedad y participar en los movimientos de masas. En 1978 fundaron el New York Institute for Social Therapy and Research (futuro East Side Institute). A partir de allí elaboraron

var a cabo esta acción?, ¿de qué recursos disponían?, ¿quién podría participar? Ayudados por el terapeuta, analizaron los pros y los contras de posibles acciones conjuntas y reflexionaron sobre las posibilidades de cada miembro del grupo. Respetando las diferentes posiciones y momentos vitales de cada uno de ellos, decidieron que algunos acudirían al centro de coordinación de los servicios sanitarios de la ciudad para

un programa de formación terapéutica de dos años sobre terapia social, dirigieron una institución de escolarización primaria y secundaria y lanzaron una organización a escala nacional. Asimismo, a finales de la década de 1970 crearon el New York Unemployed and Welfare Council, un grupo que se encargaba de defender a las personas que reciben asistencia social. Esta organización fue la piedra fundacional del New Alliance Party (NAP), un partido independiente prosocialista que en 1988 presentó un candidato a la presidencia de Estados Unidos. El Consejo fue también el catalizador del All-Stars Project (ASP), un programa extraescolar de concurso de talentos que llegó a más de 20.000 jóvenes en Estados Unidos. The Castillo Theater se fundó en 1983 y creó un grupo de improvisación que continúa activo. En 2001 crearon Performing the World, una conferencia sobre rendimiento que todavía se sigue celebrando cada dos años. En 2003 iniciaron The International Class, un curso sobre terapéutica social que ha formado a terapeutas sociales en más de treinta países. A lo largo de los años, según Holzman (2020),«la terapéutica social ha evolucionado [...] hacia un empeño consciente de revitalizar esta capacidad humana y de organizar y apoyar el rendimiento como una nueva clase de activismo social y como una psicología de masas humanizadora» (p. 178).

intentar solucionar el problema. A partir de ese momento crearon un canal de comunicación con ese centro que facilitó futuras acciones. Con el tiempo, algunos clientes se han congregado en una organización no gubernamental para luchar por los derechos de las personas que viven con el VIH/sida.

En ambos casos, el trabajo terapéutico trasciende el espacio de la sala de terapia, se desarrolla en la comunidad y genera nuevas identidades políticas para los clientes. Es importante señalar que la elaboración de este proceso respeta el ritmo y las preferencias de los clientes. Una escucha políticamente sensible permite ampliar el abanico de opciones de actuación ante los problemas. No impone una agenda política específica que los clientes deban asumir como resultado de la orientación del terapeuta. Se trata de intentar resistirse a una visión individualista del problema, evitar la transformación de un problema social en un problema psicológico y reconocer otras posibilidades de colaboración del terapeuta con los clientes.

Activismo terapéutico y justicia social

En términos históricos, la terapia no se concibió como una forma privilegiada de intervención orientada hacia el cambio social. Aunque reconocemos su presencia masiva en las sociedades occidentales y, en consecuencia, su contribución a la vida social, puede resultar incorrecto evaluar la terapia en función de las respuestas que genera frente a los problemas sociales. Sin embargo, creemos que los terapeutas pueden desempeñar una función significativa en la construcción de un mundo mejor, tanto dentro como fuera de la terapia.

Durante mucho tiempo existió una oposición entre prácticas terapéuticas y prácticas relacionadas con el cambio social, resultado de diferentes disputas disciplinarias y de formas de concebir a la persona y a la sociedad. A través de estas disputas ha surgido la producción de distinciones entre terapia y acción social, privado y público, personal y social, dentro y fuera del consultorio. En este capítulo, tratamos de difuminar estas distinciones mostrando las relaciones e implicaciones entre los distintos niveles de la vida social e invitando a los terapeutas a considerar los aspectos sociales, históricos y políticos de su práctica y su responsabilidad a la hora de mantener o cambiar las maneras de afrontar el sufrimiento humano.

Las diferentes prácticas ejemplificadas a través de este capítulo pueden configurar lo que D'Arrigo-Patrick *et al.* (2017) llaman una forma de activismo terapéutico. En palabras de los autores, «definimos el activismo terapéutico como la búsqueda intencionada de atender y alterar contextos y procesos sociopolíticos opresivos» (p. 580). Se trata de una forma de activismo asumida como responsabilidad ética y política por los terapeutas. Así, las formas de atención y alivio del sufrimiento no individualizan el hecho de afrontar el problema social. Por lo tanto, se convierten ellas mismas en formas de acción social al implicar a terapeutas y clientes en diversas formas de activismo social. En otras palabras, se puede considerar que esas prácticas promueven la justicia social, ya que desafían el pensamiento del *statu quo* (es decir, los discursos dominantes), promueven una visión ampliada de la terapia, hacen hincapié en el contexto y fomentan prácticas colaborativas (Audet y Paré, 2018).

Hemos procurado mostrar cómo es posible desarrollar una práctica construccionista social que sea políticamente sensible. El relativismo construccionista no significa la imposibilidad de actuar políticamente. Al contrario, invita a responsabilizarse de las formas de vivir en nuestra sociedad. No se trata de señalar teóricamente el camino correcto y ampliamente compartido que hay que seguir. Las diversas prácticas ilustradas en este capítulo no son modelos ni prescripciones sobre cómo se debe actuar. Deben servir como ideas para estimular la imaginación de los terapeutas a la hora de crear respuestas locales para construir el bien común. El activismo de los terapeutas es, ante todo, el compromiso de tomar partido respecto de los distintos proyectos de la vida comunitaria, ya sea como parte de su trabajo diario con los distintos clientes o bien en el empleo de sus conocimientos y habilidades para la transformación de la vida social.

Resumen del capítulo

En este capítulo, hemos explorado cómo los terapeutas pueden comprender los discursos macrosociales que están presentes en la terapia, ya sea en la definición del problema o en las formas de resolverlo. Hemos visto asimismo cómo los terapeutas pueden trabajar dentro y fuera de la consulta, promoviendo conversaciones sobre la opresión social o implicándose en la participación política para el cambio social. En el próximo capítulo, aun reflexionando sobre las relaciones entre los procesos microsociales y los discursos macrosociales en la práctica clínica, analizaremos algunos desafíos contemporáneos para la terapia derivados de la radicalización del debate político, la violencia identitaria y la patologización de la experiencia.

Capítulo 5

Desafíos contemporáneos en la terapia

En este capítulo abordaremos:

- Las consecuencias de la radicalización del debate político y los desafíos de la polarización política.
- La desigualdad social y la violencia identitaria, especialmente las relacionadas con la desigualdad de género, el racismo y el heterosexismo.
- La presión de la industria sanitaria en la promoción de la terapia basada en la evidencia y la creciente patologización de la experiencia.
- Las disputas epistemológicas y políticas sobre lo que se considera la verdad y el bien.

La terapia es una empresa cultural, una práctica histórico-social, desarrollada de acuerdo con los valores, creencias y rituales de la sociedad en la que se inserta. Por un lado, sus características teóricas y prácticas deberían estar determinadas por las expectativas sociales respecto de la mejor forma de atención. Es decir, la forma en que se lleva a cabo la terapia debe ser reconocida por los clientes y otros profesionales como actualizada, innovadora y eficaz, y estar en consonancia con las normas de salud y bienestar establecidas por una cultura concreta. Por otra parte, la terapia es una manera de que los miembros de una sociedad hagan frente a los desafíos que comparten en el ámbito social. Para ello, como terapeutas, se nos pide cada vez más que respondamos a los problemas de nuestro tiempo; que elaboremos conjuntamente alternativas a los problemas que nos plantean nuestros clientes. Esta doble sensibilidad —en la que la evaluación del éxito/fracaso terapéutico viene determinada por las expectativas sociales *y* la demanda continua de que la terapia responda a los problemas contemporáneos— exige una actualización profesional permanente y una reflexión crítica sobre los fenómenos culturales.

Con el objetivo de ayudar a los terapeutas a responder a estas exigencias, nos gustaría analizar brevemente algunos retos contemporáneos que plantea la cultura occidental. Desde una perspectiva construccionista, es especialmente significativo el diálogo acerca de la importancia de la cultura en la práctica terapéutica. En contraste con la orientación tradicional sobre la noción individualista del yo, centrada en la psicopatología, el enfoque construccionista se dirige a las condiciones relacionales de la vida social, a los patrones de relación que se cultivan y a los discursos sociales que legitiman los ideales de una buena vida (Gergen, 2006b).

La cultura contemporánea se ha definido de diferentes maneras, como «sociedad del riesgo» (Beck, 2008), «modernidad tardía» o «modernidad líquida» (Bauman, 2016) y «posmodernidad» (Lyotard, 1984). Estas definiciones se orientan en común hacia una sociedad compleja que se caracteriza por una intensa globalización, el desarrollo científico y tecnológico, el empleo creciente de las tecnologías de la información, el cuestionamiento de las tradiciones, la diversidad cultural e identitaria y las tensiones sociales que surgen de estas complejidades.

Considerando las expresiones de esta cultura en la práctica cotidiana de la terapia, en este capítulo hemos seleccionado tres campos para el análisis: 1) las consecuencias de la radicalización del debate político y los desafíos de la polarización política; 2) la desigualdad social y la violencia basada en la identidad, especialmente la relacionada con la desigualdad de género, el racismo y el heterosexismo, y 3) la presión de la industria de la salud en la promoción de la terapia basada en la evidencia y la creciente patologización de la experiencia.

No todos los autores construccionistas abordan estas cuestiones. Sin embargo, muchos supuestos teóricos y propuestas para la práctica terapéutica son altamente compatibles con una perspectiva construccionista, ya sea en la definición del problema, del proceso terapéutico o del papel que desempeña el terapeuta. En este capítulo, nos gustaría destacar estos aspectos y ofrecer así nuevos horizontes de reflexión y acción para aquellos que consideran la terapia como un proceso de construcción social.

También es importante señalar que, del mismo modo que sucede con los desafíos, muchas de las respuestas a los mismos son recientes y aún no están plenamente desarrolladas, un dato que confiere a estas propuestas un carácter innovador y, en ocasiones, controvertido. Por lo tanto, la discusión de cada uno de estos desafíos contemporáneos no generará un modelo de terapia para nuestra situación contemporánea y tampoco una solución final que conduzca a la superación de estos desafíos. No obstante, esperamos que nuestro debate le invite a reflexionar sobre sus propios valores y creencias, y sobre cómo podrían dar lugar a la creación de formas de terapia social y culturalmente sensibles.

La radicalización del debate político

En diferentes partes del mundo, la radicalización del debate político es consecuencia de la adopción de posturas extremistas, prejuicios y estereotipos, y de una fuerte polarización que divide a la sociedad en grupos enfrentados que se critican mutuamente. La polarización puede afectar tanto a la identificación con determinados partidos políticos como a las elecciones de los representantes del gobierno, así como a cuestiones relacionadas con la educación, la sanidad, la seguridad social, los derechos humanos y la justicia social.

Esta radicalización del debate político ha tenido un impacto significativo en la salud mental de la población en general. Las quejas motivadas por ansiedad, depresión, conflictos entre familiares, compañeros de trabajo y amigos derivados de estos debates politizados han inundado las consultas de los terapeutas. Los profesionales, por tanto, también deben convivir con estas tensiones y necesitan identificar formas de afrontarlas en su vida profesional y personal. Así, en los últimos años, la conversación terapéutica está cada vez más saturada políticamente (Farber, 2018; Goldsmith, 2020).

¿Cómo podemos entender y tratar estos temas en el contexto terapéutico? ¿Cómo podemos posicionarnos ante estos debates controvertidos? ¿Cómo podemos ayudar a los clientes a hacer frente a la polarización política en sus relaciones personales? Como hemos analizado en capítulos anteriores, para el construccionista la sensibilidad política es importante y, por lo tanto, las conversaciones sobre temas políticos son bienvenidas. En general, la terapia como construcción social se centra en el proceso conversacional, en el que el cliente es el experto en el contenido de su vida y el responsable de plantear los temas que son significativos para él, incluidas las cuestiones políticas locales y globales. Los significados aportados por esta conversación dependerán siempre de los diálogos entre el cliente y su terapeuta en cada sesión terapéutica.

En ocasiones, sin embargo, los propios compromisos políticos del terapeuta pueden dificultar el tratamiento de estos temas. En el contexto de la terapia, los clientes suelen manifestar su posición política y a menudo se interesan por las opiniones políticas del terapeuta. Existe, entonces, el desafío que representa para estos explicitar su postura política y la posible divergencia con las creencias del cliente (Yourman, 2018). Cuando la terapia es considerada como un proceso de construcción social, «ser público» es una actitud valorada. Compartimos nuestra postura, nuestros diálogos internos, nuestras dudas, nuestros miedos y nuestras esperanzas (Anderson, 1999). No se busca el acuerdo sino la mejora dialógica. Cuando terapeutas y clientes comparten la misma posición política, la alianza terapéutica se fortalece (Solomonov y Barber, 2019). Cuando sustentan posiciones diferentes, existe la oportunidad de crear una «indagación compartida» que permitirá el desarrollo de nuevas comprensiones y, posiblemente, la reducción de los estereotipos y la polarización, aportando recursos para otras conversaciones tanto en las relaciones ampliadas tanto del uno como del otro.

Este ejercicio de comprensión del otro en los debates políticos puede mejorarse con algunas experiencias desarrolladas y utilizadas en el contexto comunitario para hacer frente a la polarización política. Las estrategias desarrolladas por psicólogos, terapeutas y otros profesionales estadounidenses, como el Public Conversations Project (descrito en el capítulo anterior), Braver Angels (https://braverangels.org) y el National Institute for Civil Discourse (https://nicdresearch.org), pueden servir de inspiración para realizar acciones cotidianas. A partir de la reflexión de que la democracia está en declive, varios profesionales que trabajan con diferencias insalvables han creado directrices para promover el debate político civil y crear formas productivas de diálogo entre grupos polarizados. En el cuadro 5.1 se muestran algunas de las directrices más utilizadas.

Más allá de estas directrices, los terapeutas y clientes que asisten y participan en iniciativas similares también pueden crear posibilidades para hacer frente a la polarización política, tanto en contextos interpersonales como en la sociedad.

Desigualdad social y violencia identitaria

En la cultura contemporánea, la creciente desigualdad social y la violencia identitaria presentan desafíos adicionales en el ámbito

---

Cuadro 5.1. Pautas para crear formas productivas de diálogo entre grupos polarizados

- Reconocer que la mayoría de las personas no son extremistas.
- No dejarse llevar por las invitaciones a debatir.
- Evaluar cuándo y con quién compartir su posición política.
- Ignorar el deseo de convencer al otro.
- Intentar entender el punto de vista del otro desde una perspectiva de curiosidad y respeto.
- Buscar un terreno común, valores básicos compartidos y objetivos comunes.
- Reflexionar respecto de sus dudas sobre su propia posición.
- Explorar la importancia de aunar diferencias para construir la democracia.

de la terapia, una situación que exige una práctica que sea socialmente justa y culturalmente sensible. En esta sección analizamos tres de estas situaciones: desigualdad de género, racismo y heterosexismo. Cada una de ellas, a su manera, dificulta la vida de las mujeres, la gente de color y las personas lesbianas, gay, bisexuales y transgénero (LGTB) en particular.

La preocupación causada por estas situaciones está en consonancia con la concepción construccionista de que muchos de los problemas que plantean los clientes están relacionados con las condiciones sociales y políticas en las que viven, y no se corresponden con un fallo en el funcionamiento individual. Al debatir cuestiones como la desigualdad de género, el racismo y el heterosexismo, reconocemos que el género, la raza y la orientación sexual son construcciones sociales que se han ido configurando a lo largo del tiempo y que producen jerarquías y opresiones con diferentes implicaciones para los distintos miembros de la sociedad.

En este apartado tratamos cada una de estas cuestiones de manera independiente. Es importante recordar, sin embargo, que las personas tienen múltiples ubicaciones sociales, cada una con implicaciones identitarias diferentes, fusionando de este modo las marcas de género, raza y orientación sexual con la diversidad resultante en experiencias y sufrimientos sociales.

Desde una perspectiva construccionista, la confrontación de la desigualdad social y la violencia basada en la identidad en el contexto terapéutico es asistida por la sensibilidad hacia los valores. Esta sensibilidad hacia los valores es un aspecto central de la terapia como construcción social (Gergen y Ness, 2016). Puede manifestarse de dos maneras: 1) como un conjunto de valores, explícitamente presentes en el enfoque terapéutico, típicamente centrado en el trabajo con determinados grupos de población oprimidos o problemas sociales, o bien 2) como una postura crítica ante cualquier posibilidad de neutralidad por parte del terapeuta, en la que los terapeutas reflexionan sobre cómo sus valores personales, adquiridos a lo largo de la vida, influyen en la forma en que perciben e interactúan con sus clientes y sus problemas.

Como veremos, enfrentarse a estos desafíos en la propia práctica mediante la reflexión crítica puede estimular la autocrítica del terapeuta, así como ayudar en la formulación de algunas pautas prácticas para la acción. Nuestro análisis de estas cuestiones no pretende preparar a los terapeutas para anticipar la experiencia vivida por el cliente en términos de opresión hacia su identidad. El objetivo es animar a los profesionales a abrirse a la escucha de forma curiosa y respetuosa y a buscar intencionadamente conocer y comprender cómo cada cliente vive, da sentido y hace frente a los desafíos que conllevan estas experiencias.

Desigualdad de género y terapias feministas

Vivimos en una sociedad en la que persisten grandes desigualdades entre hombres y mujeres. Estas involucran el acceso a recursos financieros, de salud, educación, trabajo y vivienda (Naciones Unidas, 2018). Dichas desigualdades constituyen formas de opresión que se manifiestan con distinta intensidad, simbolismo y materialidad a escala personal, interpersonal y social.

¿Cómo afectan estas desigualdades a la vida de hombres y mujeres? ¿Cómo están presentes en la búsqueda de terapia de un cliente? ¿Cómo podemos reconocer estas desigualdades en las historias de los problemas y luchas experimentadas por ellos? Para muchos terapeutas, el tratamiento de las desigualdades de género y la opresión se basa en enfoques multiculturales y de justicia social, así como en diversas formas de terapia feminista (Crethar, Rivera y Nash, 2008).

Entre las terapias feministas encontramos diferentes tipos de feminismo, principalmente liberal, cultural, radical y social. Cada uno de ellos genera un énfasis especial para las prácticas feministas (Enns, 1997). Al mismo tiempo se producen intentos de sintetizar o de encontrar factores comunes dentro de esta diversidad, así como propuestas que ofrecen una lectura feminista para numerosas prácticas comunes en terapia (Good, Gilber, y Scher, 1990; Israeli y Santor, 2000). De la riqueza que ofrece este campo de investigación hemos seleccionado algunos principios y prácticas orientadores que pueden ayudar a los terapeutas interesados en hacer frente a los desafíos que plantean la desigualdad de género y la opresión, además de incorporar una perspectiva feminista a su forma de trabajar (Worell y Remer, 2002; Ballou, Hill, y West, 2008; Ballinger, 2017). En el cuadro 5.2 destacamos algunos de los principios de las terapias feministas.

Cada una de estas cuestiones traduce en la práctica algunos principios feministas importantes relativos a: reconocimiento de las condiciones macrosociales en la producción de los problemas y las vidas de los clientes; sensibilidad a la cuestión del poder dentro y fuera de la relación terapéutica; valoración de la voz del cliente, sus significados y fortalezas, y la visión de la terapia como un acto político y la búsqueda del cambio social. Estos principios promueven diferentes formas de entender al cliente, el problema que se lleva a la terapia, la relación y el proceso terapéuticos y la intervención del terapeuta. A pesar de estimular diversas técnicas y prácticas terapéuticas, es importante considerar que, «desde una perspectiva de terapia feminista, no se trata tanto de si una intervención en particular es 'feminista' como del pensamiento que se utiliza al seleccionar y aplicar la intervención» (Gentile, Kisber, Suvak, y West, 2008, p. 69).

Teniendo en cuenta esa advertencia analizaremos las implicaciones de cada uno de esos principios. Empezando por el princi-

> ## Cuadro 5.2. Aplicación de los principios feministas a la práctica terapéutica
>
> Somos conscientes de que abordar las desigualdades en la terapia puede representar un desafío importante. Cuando se encuentre en una situación en la que la desigualdad pueda significar un problema, considere las siguientes preguntas y cómo pueden ayudarle a relacionarse con sus clientes:
>
> - ¿Cómo influyen las condiciones macrosociales en los problemas y la vida de esta cliente?
> - ¿Cómo está presente el poder dentro y fuera de la conversación terapéutica?
> - ¿Cómo puede valorar la perspectiva, las palabras y las posibilidades de la cliente?
> - ¿Cómo puede ayudar la terapia a que haga cambios en su vida, tanto en contextos personales como sociales?
> - ¿Cómo puede ir más allá de las prácticas terapéuticas individuales e involucrar a los sistemas sociales relacionados con el problema?
> - ¿Cómo puede participar en acciones de promoción y cambios social relacionadas con el problema planteado por la cliente?

pio de reconocer las condiciones macrosociales en la producción de los problemas y las vidas de los clientes, las terapias feministas consideran esencial comprender cómo sus pensamientos, sentimientos y acciones forman parte de un contexto económico, cultural y político. Para las terapias feministas, el contexto es parte del problema. En la práctica, se anima al terapeuta a explorar con el cliente los significados presentes en los contextos inmediatos y la cultura más amplia en la que se desarrollan su vida y sus problemas. El cuestionamiento del contexto muestra que un problema puede ser una respuesta a determinadas opresiones sociales y no representa un supuesto mal funcionamiento interno de la persona.

De este modo, por ejemplo, el terapeuta –al conocer a una clienta anciana, jubilada, viuda, cuyos hijos viven lejos y que se queja de sufrir depresión– investigará los significados aportados por ella, además de explorar de qué manera los discursos sociales sobre las mujeres ancianas pueden contribuir a esa experiencia de sufrimiento. No se trata de ignorar las acciones de la mujer en su propia vida sino de ayudarla a identificar de qué modo los discursos culturales dominantes influyen en su autopercepción y autocomprensión.

En la historia del movimiento feminista, los grupos de concienciación facilitaron esta tarea de reconocimiento de las condiciones sociales de opresión de las mujeres, además de generar redes de solidaridad que facilitaron la creación de soluciones individuales, así como una acción colectiva estimulada. Con el tiempo, este principio que guiaba a los grupos influyó en el desarrollo de otras prácticas terapéuticas.

El principio de sensibilidad relacionado con la cuestión del poder dentro y fuera de la relación terapéutica rescata uno de los aspectos más significativos del pensamiento feminista: el poder. Las feministas buscan denunciar de qué manera generan sufrimiento el desequilibrio estructural de poder en nuestra sociedad y las diferentes formas de poder que ejercen unos sobre otros. En la práctica, el terapeuta presta atención a la historia que la clienta trae a la consulta, reflexiona y la invita a identificar cómo sus problemas pueden ser el resultado de condiciones sociales, culturales y económicas que la colocan en un espacio de vulnerabilidad e indefensión. El terapeuta la invita asimismo a reflexionar sobre cómo su historia se origina en la participación en instituciones que no protegen por igual a sus miembros.

Ballou, Hill y West (2008) nos ayudan a pensar en una práctica orientada hacia el feminismo: imagine que trabaja con unos padres remitidos por los servicios sociales debido a las tensiones entre la pareja y las repercusiones de estas tensiones en el cuidado de sus hijos pequeños. A continuación investiga la historia de la familia y sus condiciones de vida. A través de esta investigación descubre que el padre está desempleado y es él quien se encarga del cuidado de los niños pequeños. La madre está subempleada. La familia corre el riesgo de ser desahuciada y tiene un fuerte sentimiento de fracaso. Durante las conversaciones terapéuticas, la conversación gira en torno a cómo entiende la pareja la situación en la que se encuentra y cómo influyen en su experiencia las expectativas sociales de género. Además, se habla de los fracasos de las políticas públicas de empleo, vivienda y educación de los hijos. Reconocer la dimensión estructural de la opresión que sufren disminuye su sentimiento de culpa. De este modo, se puede ayudar a la pareja a identificar redes de apoyo en la comunidad para el cuidado de los hijos y la búsqueda de mejores oportunidades de empleo.

Del mismo modo, el terapeuta debe analizar cómo se produce el poder en la relación terapéutica. Frente a las formas jerárquicas tradicionales de terapia, se alienta la colaboración y la toma conjunta de decisiones sobre la propia terapia. El terapeuta interroga a los clientes sobre sus motivaciones y expectativas respecto de la terapia, define con ellos las formas preferidas de trabajar juntos, establece –con la aportación de los clientes– un buen resultado para la terapia, evalúa continuamente el desarrollo terapéutico desde la perspectiva de todos y negocia el final de la terapia conjuntamente. La construcción de esta relación de cooperación se ve reforzada cuando el terapeuta también es transparente y expresa sus valores y pensamientos con los clientes. De este modo, la terapia se convierte en un ejercicio de poder compartido.

Frente a la opresión social de grupos mayoritarios que silencian a muchas personas, como tradicionalmente son las mujeres, las terapias feministas también buscan valorar la voz de todos: sus perspectivas, sus creencias y sus formas de vida. Aunque al principio las terapias feministas hacían hincapié en la voz de las mujeres, con el tiempo empezaron a analizar de qué modo múltiples categorías sociales –género, raza, orientación sexual, edad, entre otras– se entrecruzan con el género y repercuten en la experiencia de cada persona. En la práctica, para valorar la voz de los clientes, los terapeutas deben reflexionar sobre sus propios prejuicios y considerar a estos como expertos en su propia experiencia. Los terapeutas también deben reconocer no solo los problemas de sus clientes sino también sus recursos y potencialidades.

Martins, Doricci, Guanaes-Lorenzi y Ness (2023) ofrecen una buena ilustración de este principio en la práctica. Describen las conversaciones de un terapeuta masculino con su clienta femenina que mantiene una relación heterosexual en la que se siente disminuida y sin valor. Sin embargo, en contraste con esta idea, ella acude a terapia para aprender nuevas habilidades de comunicación que le permitan ser mejor persona en esta relación. En su conversación interior, la respuesta inicial del terapeuta es de indignación: ¿cómo podría colaborar con una petición así, cuando él procede de una posición feminista que le informa de que relaciones como la de su clienta son opresivas para las mujeres?

En su análisis, los autores observan que el terapeuta se encuentra atrapado entre dos posturas políticas aparentemente contradictorias: una que le informa de las ideas feministas de liberación y otra que le informa de las ideas terapéuticas de colaboración que reconocen que la clienta es la experta en su propia vida. Al principio, el terapeuta sigue la línea planteada por ella y hablan de la comunicación y de cómo podría utilizar ella algunos recursos para intentar relacionarse de forma diferente y más pacífica con su pareja. Ambos evalúan continuamente los efectos que estos intentos de comunicación diferente tienen tanto para ella como para la relación. Esta situación lleva finalmente a una sesión en la que ella llora de frustración porque afirma que, por muy diferentes que sean sus intentos de comunicación, la relación no mejora. Sin embargo añade que seguirá intentándolo. Así es como el terapeuta describe su conversación interior consigo mismo y su interacción con la clienta en ese momento.

«Paula, mientras hablamos, me acuerdo de algo que una profesora muy querida –se llamaba Marisa Japur– solía decir a sus alumnos. Decía: 'Nunca tengamos que encogernos para encajar'. Me temo que, cuando asume la responsabilidad de mejorar la relación usted sola, puede estar encogiéndose para encajar en una relación que la desafía. Y yo no quiero ser parte del encogimiento de alguien tan especial. Así que me gustaría que reflexionara sobre estas preguntas: ¿cuándo parece que aprender a comunicarse mejor con su pareja les mejora a usted y a su relación? Y, ¿cuándo le parece que se está encogiendo para encajar en algo que no es bueno para usted?».

Esta interacción abrió el espacio para una nueva conversación. De una posición inicial en la que Paula asumía la responsabilidad de la relación, pasamos a hablar de lo habitual que era que las mujeres asumieran esa misma posición de cuidado de los demás, a veces a su costa. En estos términos, el «problema» de Paula adquirió una nueva definición, por lo que sus preguntas y posibilidades de acción también se ampliaron: ¿Le gustaría seguir adelante como única responsable de la relación? Como mujer, ¿le parecían bien los efectos de esa división de responsabilidades para usted misma? ¿Para su pareja? ¿Para su relación? ¿Para el mundo? ¿Qué otras opciones tiene? (Martins *et al.*, 2023, p. 485)

En lugar de centrarse simplemente en el contenido, las terapias feministas también se interesan por los procesos relacionales: cómo interactúan entre sí terapeutas y clientes. La clase de conversaciones y acciones que son posibles a partir de ellas es fundamental.

El último principio de la terapia como un acto político y la búsqueda del cambio social se inspira en el famoso lema feminista de que «lo personal es político». Es decir, «lo que uno experimenta personalmente forma parte de un tapiz político más amplio, y lo que ocurre en el panorama político y social repercute en la psique y el comportamiento del individuo de maneras que a menudo ni se ven ni se reconocen» (Gentile, Kisber, Suvak, y West, 2008, p. 77). Este lema tiene tres implicaciones prácticas: 1) el objetivo de la terapia implica crear las condiciones para que la clienta pueda producir cambios en su vida, tanto en el contexto personal como en el social; 2) se invita al terapeuta a ir más allá de las intervenciones individuales y, en su lugar, implicar a la familia y a las instituciones sociales directamente relacionadas con el problema, y 3) se anima al terapeuta a desarrollar acciones de promoción y cambio social.

Un ejemplo ilustrativo de las implicaciones prácticas de este principio puede observarse en el siguiente caso. La terapeuta atiende a una adolescente derivada porque muestra una conducta de apatía y agresividad en la escuela. Al hablar con ella, la terapeuta detecta que estos comportamientos respondieron a situaciones de *bullying* enfrentadas por la adolescente debido a su postura «más masculina». La terapeuta, además de actuar de acuerdo con los principios de la práctica feminista que aquí planteamos, trabaja con la adolescente, su familia y la escuela para propiciar un ambiente acogedor para las diferentes expresiones de género. Como una acción complementaria, la terapeuta se involucra en el análisis de normas y directrices destinadas a prevenir y combatir el acoso en el ámbito escolar.

Abordar el racismo en la terapia

La historia de la civilización occidental en los últimos siglos, los genocidios perpetrados en diversos lugares del mundo y la proliferación de pensamientos descalificadores y jerárquicos respecto de la raza siguen afectando a la sociedad actual. La bibliografía es amplia en este contexto y demuestra que las diferencias raciales están relacionadas con diferencias en el acceso al empleo, el salario, la vivienda, la educación y la salud. Así pues, el racismo, como «acto que niega a una persona o grupo un trato humano o una oportunidad justa debido a prejuicios raciales» (Laszloffy y Hardy, 2000, p. 35) tiene un impacto en todas nuestras vidas.

La ciencia moderna participó durante mucho tiempo en la divulgación de ideologías racistas y solo en las últimas décadas se ha comprometido a luchar contra el racismo. En el ámbito de la terapia son varios los autores que han buscado formas prácticas de responder al racismo en el entorno cotidiano de su labor profesional (Bartoli y Pyati, 2009; Stone, 2013).

Miller *et al.* (2018), al analizar las recomendaciones prácticas para abordar el racismo, presentan un conjunto de temas comunes, tales como: a) psicoeducación en relación con el desarrollo histórico del racismo y sus implicaciones en la salud mental; b) validación de las experiencias de racismo vividas por los clientes y su confrontación con el racismo; c) autoconciencia y conciencia crítica sobre el carácter pernicioso del racismo, las actitudes raciales daltónicas, la microagresión racial y el privilegio blanco; d) apoyo social culturalmente receptivo a través de la familia, los grupos comunitarios, las escuelas, las iglesias y los grupos culturales; e) desarrollo de una identidad positiva mediante la exploración de los puntos fuertes, las autoactitudes positivas y el orgullo racial; f) externalización de la discriminación y minimización de la autoinculpación, y g) divulgación y defensa mediante la participación en diversas formas de activismo antirracista.

Estas recomendaciones ofrecen una orientación para el trabajo de los terapeutas. No obstante, es fundamental que los terapeutas desarrollen una conciencia y una sensibilidad raciales, pues la psicología dominante y los campos relacionados son abrumadoramente blancos; a menudo los programas de formación de terapeutas no hacen hincapié en el debate sobre el racismo, y muchas de estas directrices se describen en términos muy generales. Este tipo de conciencia y sensibilidad implica que los terapeutas sean capaces de identificar de qué modo influye la raza en la construcción de la realidad, produciendo injusticia y opresión, y que tengan la capacidad de llevar esta conciencia a la acción (Laszloffy y Hardy, 2000).

El primer paso en el desarrollo de esta autoconciencia es una reflexión sobre la propia historia racial del terapeuta. En el cuadro 5.3 se describen algunas preguntas que pueden ayudar en este proceso.

Las reflexiones inspiradas en las preguntas del cuadro 5.3 debe ser permanentes. Revisar continuamente estas preguntas le ayudará a superar las actitudes raciales daltónicas, a reconocer el racismo cotidiano y a estar preparado para enfrentarse

Cuadro 5.3. Preguntas autorreflexivas sobre el racismo

¿Ha considerado alguna vez de qué modo su raza forma parte de su vida? ¿Cómo interviene en su profesión como terapeuta? Dedique un momento a reflexionar sobre las siguientes cuestiones. Se trata de una invitación para que reflexione sobre cómo han surgido sus ideas sobre la raza y cómo pueden afectar a su práctica como terapeuta.

- ¿Qué recuerda de su infancia o adolescencia sobre raza/color de piel?
- ¿Hablaban su familia, vecinos, amigos, profesores sobre la raza/color de piel? En caso afirmativo, ¿cómo eran esas conversaciones?
- ¿Qué sentía al pensar en su propia raza/color de piel?
- ¿Qué sentía al pensar en la raza/color de piel de otras personas?
- En el curso de su vida, ¿ha vivido con personas de raza/color de piel diferentes de la suya? ¿Cómo eran esas relaciones?
- ¿Qué ha ganado y qué ha perdido a causa de su raza o color de piel?
- ¿Qué piensa sobre el matrimonio interracial, las políticas de discriminación positiva y los movimientos sociales relacionados con la raza?
- ¿Cuántas veces ha pensado, hablado o actuado de forma racista? ¿Cómo se ha sentido?
- ¿Cuántas veces ha pensado, hablado o actuado de forma antirracista? ¿Cómo se ha sentido?

al racismo en el contexto de la terapia. En el contexto de este proceso reflexivo, el racismo puede ser cuestionado de diferentes maneras: ya sea en la definición del problema que aporta el cliente, en sus propias actitudes como terapeuta o en el racismo del cliente.

Es interesante señalar que, dado el carácter pernicioso del racismo, enfrentarse a él no solo tiene lugar cuando se asiste a personas de color que han sufrido el impacto del racismo. Enfrentarse al racismo también es importante cuando los clientes presentan manifestaciones racistas. De forma provocativa, Drustrup (2020) analiza cómo los terapeutas blancos pueden manejar las narraciones racistas de las personas blancas en terapia. Señala que a pesar del compromiso del terapeuta con la autonomía y la autodeterminación del cliente, también tiene una responsabilidad antirracista hacia él y la comunidad.

Presenta una viñeta en la que una clienta, una mujer blanca de unos 40 años, se queja de su jefa, una mujer negra unos años más joven. Dice que su jefa es demasiado joven, que no es adecuada para su trabajo y que solo la contrataron para «cumplir la cuota». Ante esta situación, el terapeuta con conciencia de raza trató de empatizar con ella y validar su experiencia. A partir de esa conversación, exploró la conciencia racial de la clienta, investigando cómo eran las conversaciones sobre la raza cuando ella crecía. A partir de las historias que compartió, el terapeuta conectó el tema de la raza con las preocupaciones de la clienta, invitándola a pensar en cómo sería entender la relación con su jefa desde un punto de vista racialmente consciente. La clienta se mostró abierta a esta conversación, lo que le permitió hablar de racismo y de otras experiencias antirracistas.

Drustrup (2020) llega a la conclusión de que «abordar el racismo en psicoterapia es una clara cuestión de ética» (p. 184). Por lo tanto, presenta este debate como un dilema ético y analiza de qué modo puede el terapeuta abordar estas situaciones evaluando la historia del cliente, los problemas que trae a la consulta y el momento terapéutico (es decir, las características de cada situación). No es obligatorio que el terapeuta hable de racismo con todos los clientes. Al contrario, el terapeuta debe evaluar el momento adecuado de la terapia para plantear esta cuestión en función de la situación de la persona. Sin embargo, la invitación antirracista sí propone luchar contra el racismo en terapia con todos los clientes.

Cuestiones LGTB, heterosexismo y terapia afirmativa

El debate sobre las sexualidades no heterosexuales ha tenido un largo recorrido en el ámbito de la práctica psicoterapéutica. Considerada como una patología por los profesionales durante la mayor parte del siglo pasado, la homosexualidad fue eliminada de los manuales de diagnóstico y de las clasificaciones de enfermedades entre las décadas de 1970 y 1990. Sin embargo, las cicatrices de concebir la experiencia de lesbianas, gays y bisexuales como «anormal» siguen presentes en la vida social, así como en las consultas de los terapeutas.

Este debate se vuelve aún más complejo cuando se trata de entender y atender a las personas no binarias y transexuales, ya que combinan cuestiones de sexualidad con la identidad de género. Sin embargo, a pesar de las especificidades de la experiencia de cada miembro incluido en el acrónimo LGTB, los tomamos como grupo debido al reconocimiento de que sufren diferentes formas de violencia como resultado de su expresión de género y orientación sexual. En este apartado, nos centramos en el debate sobre la homosexualidad, pero esperamos que algunas de las pautas que ofrecemos para la práctica profesional puedan resultar útiles para la atención a todos los miembros del colectivo LGTB.

Muchos de los intentos de definir la homosexualidad, comprender sus causas y cuantificar la población se han basado en una visión científica esencialista y normativa de la sexualidad, en la que la homosexualidad se considera una desviación. Además, las visiones populares y religiosas han identificado tradicionalmente la homosexualidad como un pecado. Esta descalificación de la homosexualidad y la consiguiente valorización de la heterosexualidad se describe como heterosexismo, que es la fuente de muchos desafíos tanto para las personas homosexuales como para los terapeutas.

El heterosexismo puede describirse como «el sistema ideológico que niega, denigra y estigmatiza cualquier forma no heterosexual de comportamiento, identidad, relación o comunidad» (Herek, 1995, p. 321). Se expresa mediante un heterosexismo cultural en el que las instituciones sociales no reconocen a la población LGTB o la discriminan, o bien mediante un heterosexismo psicológico que se expresa en las relaciones interpersonales a través del prejuicio, el acoso y la violencia (Harper, 2010).

Muchas sociedades científicas y profesionales de psicólogos y terapeutas han elaborado directrices para sus miembros sobre cómo atender a las personas del colectivo LGTB que buscan su ayuda (American Counseling Association, 2009; American Psychological Association, 2012; American Association for Marriage and Family Therapy, 2014). Algunas de las principales pautas para terapeutas se muestran en el cuadro 5.4.

Este conjunto de directrices ofrece un esbozo de las llamadas «terapias afirmativas gay». Aunque no existe una propuesta teórica o metodológica específica, «el terapeuta afirmativo gay afirma una identidad lesbiana, gay o bisexual como una experiencia y expresión positivas igualmente humanas que la identidad heterosexual» (Davies y Neal, 1996, p. 25). Aunque las terapias

Cuadro 5.4. Una muestra de directrices para la atención a las personas LGTB

- Reconocer la diversidad de orientación sexual e identidad de género de los clientes, así como la distinción entre ambas.
- Considerar que las orientaciones sexuales no hegemónicas no son enfermedades mentales, y que la búsqueda del cambio puede acarrear perjuicios.
- Valorar los aspectos positivos de la experiencia LGTB.
- Identificar cómo la opresión y la discriminación hacia la comunidad LGTB, en diferentes contextos (familia, escuela, trabajo, vida comunitaria, etc.), repercuten en su salud física y mental.
- Familiarizarse con las diversas formas de arreglos matrimoniales y familiares y las características de la conyugalidad y la paternidad en la comunidad LGTB.
- Analizar cómo las cuestiones relacionadas con la raza, la clase social, la edad, la religión y la discapacidad determinan diferentes formas de vida.
- Colaborar con los clientes LGTB para revisar los supuestos normativos de la experiencia LGBTI.
- Reflexionar sobre las propias concepciones, actitudes y prejuicios, así como sobre los privilegios, en relación con las cuestiones LGTB.
- Estar actualizado respecto de los avances teóricos y prácticos para trabajar con esta población.
- Colaborar de distintas maneras para el cambio social.

afirmativas no son específicamente una práctica construccionista comparten muchas similitudes con las ideas de la terapia como construcción social.

Un ejemplo interesante de práctica terapéutica influida por las ideas construccionistas con la población LGTB fue el desarrollado por Tilsen (2013). Utilizando aportaciones de la teoría *queer* y de la terapia narrativa, Tilsen trabajó con un grupo de jóvenes LGTB, ayudándoles a repensar no solo las perspectivas heteronormativas que reafirman las distinciones de género y la valoración de la heterosexualidad, sino también las normatividades producidas por la propia comunidad LGTB que, por ejemplo, imponen la salida del armario (es decir, la revelación pública de la orientación sexual). Así, Tilsen colabora en el proceso de deconstrucción de narrativas opresivas en diferentes contextos e invita a una ética del cuidado colectivo.

La industria sanitaria, la patologización de la experiencia y la terapia basada en la evidencia

La industria sanitaria, a través de las compañías de seguros y la atención sanitaria gestionada, ha planteado muchos retos a la atención de la salud mental. La supuesta búsqueda de la mejor atención al menor precio se ha traducido en la exigencia de diagnósticos objetivos, con intervenciones y protocolos estandarizados y resultados cuantificables. No obstante, esta búsqueda está apoyada en una visión empírica, objetiva y específica de la ciencia: una concepción de la salud mental como un conjunto de características individuales definidas por una norma que se aplica a todo el mundo y una visión de la terapia como un procedimiento reparador aplicado por un especialista (Bolen y Hall, 2007; Thomason, 2010).

Desde una perspectiva construccionista, esta forma de concebir la atención a la salud mental presenta algunos desafíos claros. En los siguientes apartados, analizaremos dos de ellos: la terapia basada en la evidencia y la patologización de la experiencia. Ambos exigen considerar las prácticas de evaluación de la terapia así como la forma de entender los problemas que traen los clientes.

Terapia y evaluación basadas en la evidencia

En las décadas recientes se ha expandido el discurso relativo a la terapia basada en la evidencia, preocupando a quienes no se ajustan a sus principios y prescripciones, y suscitando el temor de que la terapia basada en la evidencia sustituya a todas las demás posibilidades en este ámbito de investigación. Resulta especialmente preocupante cuando lo transmiten las instituciones de financiación de la salud mental y los organismos reguladores profesionales.

Pero ¿qué es una terapia basada en la evidencia? Es un discurso basado en un modelo médico que ha proliferado en diferentes campos del conocimiento y que aporta una visión exclusiva de lo que se puede considerar como evidencia legítima, demostrando así el resultado positivo de la terapia.

Según Busch (2012), en la terapia basada en la evidencia, «los discursos de manualización, metodolatría experimental y objetivación médica operan para regir la conducta de la psicoterapia de una manera técnica, estandarizada, jerárquica, medicalizada y prescriptiva que favorece la medición cuantitativa y estadística» (p. 263). La terapia basada en la evidencia propone que esta se base en el conocimiento que resulta de experimentos aleatorios que proporcionen una evaluación fiable de la eficacia de diferentes modelos terapéuticos para poblaciones y problemas específicos (American Psychological Association Presidential Task Force on Evidence-Based Practice, 2006).

¿Y por qué esto preocupa a muchos terapeutas? Porque esta forma de producir conocimiento y de entender la terapia no son compatibles con la mayoría de los procesos terapéuticos y la producción de conocimiento, incluida la idea de la terapia como construcción social. Haciendo una breve comparación, podemos observar que los modelos basados en la evidencia y la terapia como construcción social provienen de diferentes trasfondos epistemológicos (es decir, sus premisas sobre cómo se crea el conocimiento son distintas; véase el capítulo 2), de modo que hay muchos contrastes en cómo ven la terapia y los conceptos relacionados. La tabla 5.1 muestra una comparación en este sentido.

A partir de esta comparación podemos ver que ambas formas de terapia se ocupan de reflexionar sobre la terapia y sus resultados, aunque lo hacen de maneras diferentes. La elección entre estos dos discursos es, por tanto, una decisión política. Según Larner (2004), «la definición de la práctica basada en la evidencia es un proceso de construcción política y social significativamente influido por la gobernanza basada en modelos corporativos de responsabilidad» (p. 35).

En esta disputa política, la resistencia al discurso de la terapia basada en la evidencia ha implicado a diferentes protagonistas y ha producido alternativas en la comprensión de las relaciones entre la producción de conocimiento, la práctica profesional y su evaluación.

Entre estas alternativas, destacan tres: las ideas de «evidencia basada en la práctica», «investigación como práctica cotidiana» y «evaluación como práctica relacionalmente comprometida».

Respondiendo a las críticas respecto de la oposición entre teoría y práctica y las consecuencias negativas para académicos y profesionales, Fox (2003) aboga por la búsqueda de una «evidencia basada en la práctica». La evidencia basada en la práctica se sustenta en el supuesto construccionista de que el conocimiento se origina dentro de procesos de relación locales y contingentes. Esta atención a la visión local y siempre cambiante del conoci-

Tabla 5.1. Comparación de supuestos entre la terapia basada en la evidencia y la terapia como construcción social

	TERAPIA BASADA EN LA EVIDENCIA	TERAPIA COMO CONSTRUCCIÓN SOCIAL
Terapia	Tratamiento basado en protocolo	«Investigación compartida» entre terapeuta y cliente
Terapeuta	Especialista que posee el conocimiento necesario para la cura del paciente	Socio conversacional que valora el conocimiento del cliente
Cliente	Paciente que recibe tratamiento que tiene características mensurables y comparables	Especialista en su propia vida y activo en el proceso terapéutico
Resultado de la terapia	Reducción de síntomas evaluada con medidas estandarizadas	Creación de nuevos entendimientos, significados, narrativas y fortalecimiento de la agencia personal
Conocimiento	Universal, ahistórico, objetivo, que describe la realidad como es	Situado, contextual, que coconstruye realidades compartidas mediante nuevas inteligibilidades

miento reconoce y valora las diferencias y se desarrolla de una forma que complementa la actividad práctica de la terapia.

En una línea similar, St George, Wulff y Tomm (2015) cuestionan la distinción entre investigador y profesional. Sugieren la postura de un «investigador practicante» que desarrolla «la investigación como práctica diaria». Según los autores, este enfoque de la investigación consiste en «examinar sistemáticamente nuestras curiosidades y la información de nuestro propio trabajo clínico para comprender mejor lo que hacemos y, quizás más importante, lo que podríamos hacer» (St George *et al.*, 2015, pp. 1-2).

McNamee y Hosking (2012) destacan la importancia de una visión dialógica en la producción de conocimiento. Entienden «la evaluación como una práctica relacionalmente comprometida». El hecho de concebir la evaluación de esta manera promueve un cambio de la patología a la potencialidad, da voz a diferentes historias y múltiples racionalidades, suspende la certeza, considera diferentes posibilidades y promueve la comprensión.

Creemos que estas tres propuestas pueden guiar a aquellos terapeutas que entienden la terapia como un proceso de construcción social donde la producción de conocimiento es continua y local. El conocimiento se genera en nuestra práctica cotidiana mediante el diseño de formas de evaluación sensibles y fructíferas para todos los implicados. Esta es una invitación a los terapeutas para que dejen de posicionarse como consumidores del conocimiento producido por los académicos y, en cambio, se posicionen como productores de conocimiento. No obstante, debemos hacer una advertencia: si consideramos el carácter radicalmente dialógico de la terapia como construcción social, el conocimiento producido por estas formas alternativas de evaluación también debe ser contextualmente entendido y utilizado según la adecuación de cada proceso terapéutico.

Al entender la terapia como una «indagación compartida» (Anderson, 1999), terapeutas y clientes deciden la manera de proceder juntos, lo que significa que el terapeuta debe adoptar una postura de «no saber», suspendiendo sus conocimientos adquiridos para convertirse en un «nuevo» terapeuta con cada nuevo cliente. En este sentido, la evaluación de la terapia es procesal, continua, basada en el contexto conversacional en curso, compartido entre el terapeuta y el cliente, y es fundamental para el desarrollo favorable continuo de cualquier práctica terapéutica.

La patologización de la experiencia y el diagnóstico psiquiátrico

Muchos terapeutas han tenido la experiencia de trabajar con clientes que acuden a terapia porque están preocupados por un posible diagnóstico o seguros de padecer una enfermedad mental. No se describen a sí mismos como tristes, padeciendo cambios de energía, aislados o mostrando otros sentimientos típicos de las personas que viven en el mundo actual. Se definen a sí mismos como depresivos, bipolares, autistas –entre otros diagnósticos– a pesar de no haber acudido a una consulta con ningún profesional de la salud mental. De hecho, el vocabulario relacionado con el déficit y la patología mental ha proliferado en la cultura occidental y las personas instruidas conocen y utilizan dichos términos en sus relaciones cotidianas en un proceso de patologización continua de su experiencia (Gergen, 1996).

Como hemos visto en el capítulo anterior, las asociaciones psiquiátricas han publicado manuales de diagnóstico con actualizaciones recurrentes que amplían las definiciones de los problemas mentales y ofrecen un vocabulario utilizado cada vez con mayor frecuencia en la cultura actual. ¿Y cuáles son las consecuencias de esta forma de actuar y de vivir? ¿Cuáles son las implicaciones para el trabajo terapéutico? ¿Cómo responden a estas preguntas los terapeutas, influidos por las perspectivas de la terapia como construcción social?

En un principio, es importante señalar que muchas personas se benefician de los diagnósticos establecidos por profesionales especializados: nombran un conjunto de percepciones y sentimientos indeseables, legitiman una dificultad personal a través de la opinión de un experto y reducen el sentimiento de culpa por ser los responsables de la aparición y el desarrollo de su sufrimiento. Es una solución a lo que se planteaba como un problema.

No obstante, este beneficio inicial puede venir acompañado de otras consecuencias. En la relación con uno mismo y con los demás, el diagnóstico puede funcionar progresivamente como una profecía autocumplida, en la que las expectativas sobre el funcionamiento de la patología acaban restringiendo de manera inadvertida las acciones y los proyectos de la persona diagnosticada. Del mismo modo, el diagnóstico puede ser causa de estigmatización, en la que el rico conjunto de características personales queda ensombrecido y empobrecido por una etiqueta social, produciendo un nuevo ciclo de culpabilización. Además, el diagnóstico se refiere a algo interno del individuo, a su forma de comportarse y reaccionar ante el mundo, prescindiendo de cualquier influencia significativa procedente del contexto social o de los discursos culturales dominantes en la producción del problema. Este proceso de limitación, estigmatización e irresponsabilidad social puede convertirse en una especie de «tiranía del diagnóstico» (Gergen, Hoffman y Anderson, 1996), que requiere una actuación cuidadosa y crítica.

Enfrentados a esta situación, los terapeutas que consideran la terapia como un proceso de construcción social han cuestionado la expansión de las prácticas diagnósticas e invitado a revisar aquello que constituye un problema de salud mental. En términos generales, se abandona una teoría de la psicopatología individual y se entiende que el diagnóstico no es esencial para el desarrollo de la terapia. La atención y el cambio terapéutico son posibles sin un diagnóstico objetivo previo, que se reposiciona en forma de una descripción posible del problema de una persona, en lugar de la realidad fáctica y necesaria a partir de la cual debe producirse la conversación terapéutica.

Considerando la naturaleza relacional de la terapia como una construcción social, lo que se busca es la transformación del significado del problema a través de la colaboración entre terapeuta y clientes. En este sentido, un problema es lo que los clientes llaman problema (Anderson, 1999). El desafío consiste en superar las «narrativas saturadas de problemas» (White y Epston, 1993). Por lo tanto, la definición del problema no corresponde a una clasificación objetiva y preexistente utilizada por el terapeuta. No es fija ni interna de la persona sino que siempre implica las palabras y los relatos de los clientes. Es provisional, contextual y experimentará cambios a lo largo del proceso terapéutico. Además, como hemos visto anteriormente, la terapia como construcción social no se centra en el problema sino que se interesa por los recursos y el potencial del cliente para la construcción conjunta de futuros más deseables.

Pero aún nos queda un desafío pendiente: ¿cómo hablar con aquellos clientes que creen firmemente en el discurso del diagnóstico? Es importante señalar que los diagnósticos deben entenderse como vocabularios que pueden formar parte de la conversación terapéutica. Sin embargo, no debemos ser prisioneros de ellos. En la conversación terapéutica, es importante escuchar el diagnóstico aportado por el cliente como una invitación a nuevas conversaciones. Algunas preguntas pueden ser útiles en este proceso, si se utilizan de forma contextual y de acuerdo con los intereses del cliente. El cuadro 5.5 presenta algunas sugerencias en este sentido.

Otro desafío consiste en saber cómo afrontar situaciones en las que es necesario un diagnóstico formal para los clientes por motivos ajenos a la terapia (por ejemplo, para que el seguro pague las sesiones de terapia). Algunos profesionales ofrecen varios diagnósticos posibles relacionados con la situación vivida por el cliente, los pros y los contras de cada uno de ellos, y llegan a un diagnóstico útil de forma colaborativa y contextualizada *con* el cliente. Hay otros profesionales que buscan elaborar distintos tipos de documentos basados en las historias y testimonios de las personas implicadas. Estos documentos pueden sustituir a un diagnóstico formal resultante de evaluaciones y clasificaciones

---

Cuadro 5.5. Preguntas para ir más allá del diagnóstico patológico

- ¿Cuándo le diagnosticaron?
- ¿Cuál fue el proceso de diagnóstico?
- ¿Cómo se sintió al recibir el diagnóstico?
- ¿Cómo reaccionaron sus allegados cuando se enteraron del diagnóstico?
- ¿Conoce a otras personas con el mismo diagnóstico?
- ¿Cuáles son las similitudes y diferencias con su situación?
- ¿Qué comenzó a hacer tras recibir el diagnóstico?
- ¿Qué dejó de hacer después de recibir el diagnóstico?
- ¿Qué otras palabras le describen de forma significativa aparte de las relacionadas con el diagnóstico?
- ¿Cómo quiere vivir más allá del diagnóstico recibido?

objetivas, contribuyendo así a la transformación de la cultura normativa local.

Un ejemplo interesante de este proceso se observa en la experiencia de Teixeira *et al.* (2018) y Prado (2018) en una clínica de atención sanitaria a transexuales. Los informes psicológicos exigen la confirmación de la transexualidad a efectos legales y de tratamiento médico. El equipo de salud antidiagnóstico propuso sustituir el uso de pruebas psicológicas estandarizadas y el diagnóstico resultante del «verdadero transexual» por informes sobre la historia de la vida del cliente, contando para ello con varios testimonios y la participación de todo el equipo multidisciplinario. Estos documentos contribuyen a una visión de la persona como alguien plenamente capaz de responder al consentimiento informado y de tomar decisiones en su vida. Es decir, hacen hincapié en la autonomía de la persona en el contexto de la atención sanitaria. La experiencia de este equipo sanitario al presentar estos documentos a otros servicios de salud, empresas y jueces ha sido muy positiva y ha garantizado la continuidad del proceso de atención sanitaria.

Estas reflexiones sobre la patologización de la experiencia y el uso de diagnósticos psiquiátricos pueden ayudar a los terapeutas a mantener una perspectiva crítica respecto de la definición atribuida a problema, y permanecer abiertos al diálogo y a la búsqueda de alternativas que sean sensibles a las necesidades de los clientes, miembros de la familia y colegas.

Contextualizar lo verdadero y lo bueno

Los desafíos analizados en este capítulo muestran diferentes disputas que se producen en el ámbito de la asistencia sanitaria —y en la sociedad en general— respecto de las mejores formas de gobernar y gestionar los conflictos, de comprender el sufrimiento derivado de la opresión social y de prestar asistencia sanitaria. Asociada a estas disputas está la deliberación sobre lo que es bueno y conveniente para las personas, así como aquello que es el verdadero conocimiento. Se trata, por lo tanto, de controversias de carácter político y epistemológico.

En términos generales, estos desafíos surgen de la búsqueda de una propuesta única, universal y ampliamente compartida sobre aquello que es el bien común y qué es la verdad. No obstante, esta búsqueda es problemática en términos sociohistóricos y epistemológicos. Por una parte, vivimos en un mundo globalizado donde el desarrollo tecnológico ha permitido la conexión entre diferentes partes del planeta y sus pueblos y tradiciones. Por lo tanto, aquello que en otro tiempo parecía singular, completo y universal se ha convertido en múltiple, fragmentado y local. Por otra parte, la creencia de que la ciencia era capaz de acceder a la realidad y describirla de una manera inequívoca, objetiva y neutra se ha visto alterada por estudios que han demostrado cómo las condiciones sociales, económicas, políticas e ideológicas atraviesan la práctica científica (Gergen, 1996, 2006a).

¿Cómo se pueden, entonces, abordar esas controversias? Desde una perspectiva construccionista, la vida en sociedad no necesita un supuesto conocimiento universal y verdadero que debe respetar todo el mundo. La historia ha sido testigo de incontables persecuciones y sacrificios realizados en nombre de la verdad. Por el contrario, la construcción del futuro depende sobre todo de la creación y el mantenimiento de condiciones dialógicas que permitan a la gente explorar las múltiples verdades de todos los implicados de modo que puedan decidir de forma colectiva cómo proceder juntos.

Como hemos visto, las prácticas terapéuticas están influidas por estas controversias e influyen a su vez en nuestras formas de abordarlas. La invitación construccionista se formula para que los terapeutas reconozcan esas disputas, reflexionen sobre sus propias posturas, se muestren abiertos y curiosos, generen espacios dialógicos, demuestren interés por la diversidad y la multiplicidad, presten atención a las potencialidades e imaginen nuevos futuros junto con sus clientes.

Resumen del capítulo

En este capítulo hemos analizado cómo diferentes desafíos de la cultura contemporánea han generado opresión y sufrimiento a diversos grupos de población y promovido la creación de diferentes propuestas terapéuticas para hacerles frente. Estas propuestas reconocen los discursos macrosociales que producen sufrimiento y tratan de sensibilizar y ofrecer recursos a los terapeutas para que puedan abordar esos desafíos en los microprocesos de la conversación terapéutica, en una posición de construcción conjunta y colaboración con los clientes. En el capítulo siguiente analizaremos cómo la idea de la terapia como construcción social se relaciona con una ética relacional que cuestiona *a priori* individualizar fórmulas acerca de aquello que es correcto y adecuado en el trabajo terapéutico, articula procesos microsociales y discursos macrosociales, y reconoce la construcción local y situada de los significados de la ética.

Capítulo 6

Ética terapéutica y micro/macro consideraciones

En este capítulo abordaremos:

- La diferencia entre códigos éticos profesionales y una ética relacional.
- La ética como contenido frente a la ética como proceso.
- El empleo de interacciones microsociales y discursos macrosociales para conceptualizar la ética.
- La importancia de la autorreflexión.
- La ética como potencial discursivo.
- Recursos para una ética del potencial discursivo.

La noción de ética se encuentra profundamente entrelazada en cualquier práctica terapéutica. En este capítulo exploramos las implicaciones de la terapia como construcción social ya que orienta nuestra conceptualización de la ética como un fenómeno elaborado en términos sociales y relacionales. Nuestro argumento sostiene que mientras las concepciones éticas se transmiten como verdades indiscutibles, ocupando ese espacio que hemos descrito como discursos macrosociales, aquello que se considera ético también se elabora siempre en cada encuentro clínico (es decir, en el nivel micro). Por lo tanto, la relación recursiva que se produce entre estas dos dimensiones es clave para una práctica orientada en la esfera ética (véase la figura 6.1). Los terapeutas obedecen el código de ética profesional cuando interactúan con los clientes y tratando así dicho código como la Verdad. Y, como profesionales, respetan este código de manera recurrente en el desarrollo de sus microinteracciones con los clientes y mantienen –es decir, conservan viva– la preeminencia del código. A continuación presentamos ejemplos de cómo esta interpretación de la ética nos orienta hacia diferentes formas de práctica en este campo.

Por ejemplo, ¿es ético diagnosticar que una persona que ha sufrido abusos sexuales tiene trastorno por estrés postraumático (TEPT) o ese diagnóstico profundiza la estigmatización? Reflexionar sobre esta situación nos invita a pensar en nuestra práctica desde una perspectiva ética en lugar de pensar en la ética solo cuando se nos presenta un conflicto que necesita una solución. Cuando piense en un diagnóstico como el TEPT, intente imaginar cómo cualquier diagnóstico podría ser más perjudicial

Discursos macrosociales

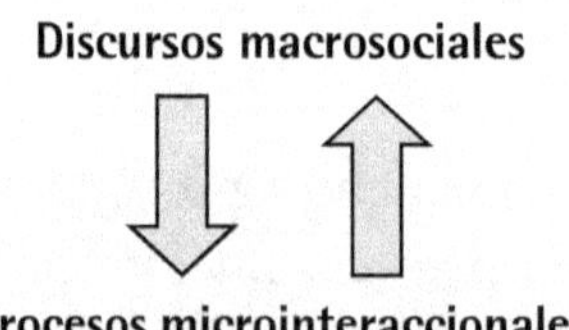

Procesos microinteraccionales

Figura 6.1. Relación recursiva entre discursos macrosociales
y procesos interactivos microsociales.

que beneficioso para esa persona. Le invitamos a que amplíe su concepción de la ética desde formas correctas/equivocadas de resolver los conflictos clínicos (por ejemplo, ser demasiado «amigable» con un cliente y, de este modo, perturbar potencialmente la relación profesional/cliente) para considerar todos los aspectos de su labor clínica. En lugar de una guía para la conducta ética «de talla única», la terapia como construcción social nos recuerda que, al igual que sucede con la propia conversación terapéutica, la ética se desarrolla localmente en el transcurso de la conversación entre las partes implicadas. La acción ética está siempre situada.

¿Los intereses de quién están en juego cuando los terapeutas respetan de modo rutinario los códigos profesionales de la ética con escasa o nula exploración del mundo vital de los clientes? Las sociedades y comunidades generan acuerdos explícitos (y, a menudo, implícitos) respecto de aquello que constituye la actuación ética en general, así como la actuación ética en encuentros terapéuticos específicos. No obstante, considerar el detalle matizado de interacciones situadas podría servir como una guía más justa y útil para tomar decisiones éticas en el contexto de la terapia. Una ética relacional proporciona a los terapeutas la capacidad reflexiva de cuestionar las prácticas comunes y rebatir su estatus de Verdad. Una ética relacional también aborda la diferencia y la complejidad, evitando así la búsqueda de prácticas estandarizadas y universales. Los problemas ya no son problemas individuales sino subproductos de formas de vida particulares (a menudo alcanzadas dentro de nuestras instituciones). Si aprovechamos el potencial que supone la coordinación de las diferencias en lugar de juzgarlas entre valores y creencias en conflicto, podemos movernos más allá de las soluciones simples, el acuerdo universal y el deseo de alcanzar una ética universal y, en cambio, tratar de coordinar la diferencia y crear de ese modo nuevas formas de avanzar juntos.

El problema de la ética

Los profesionales que desarrollan sus actividades en el contexto de la psicoterapia y campos asociados se enfrentan a un desafío importante. Este desafío aparece en forma de preguntas sobre cómo ser un profesional; ¿que es lo que se requiere de un profesional? Como ocurre en la mayoría de las profesiones, la respuesta a estas preguntas varía con arreglo a la formación que haya recibido cada uno, el método de práctica preferido y los supuestos básicos. Aun así, existe un factor que permanece constante independientemente de la modalidad de la práctica o de los supuestos rectores: el código de ética profesional. Dichos códigos se adoptan con el fin de regular la conducta de los profesionales. Están diseñados para guiar al profesional cuando debe hacer frente a cuestiones y decisiones difíciles. Por ejemplo, la Asociación Británica para el Asesoramiento y la Psicoterapia establece:

> El *marco ético* es un conjunto de principios y valores que proporcionan un sólido fundamento para una práctica segura y ética en las profesiones de asesoramiento. [...] El *marco ético* está diseñado para ayudar a que los profesionales proporcionen a los clientes una base segura para su trabajo en común. Crea una estructura compartida en la que puedan trabajar terapeutas, instructores, aprendices, formadores y organizaciones, pero con la flexibilidad suficiente para responder a las necesidades de diferentes contextos y grupos de clientes.
> (British Association for Counselling and Psychotherapy, 2021)

La American Psychological Association (2017) incluye como sus *Principios éticos de los psicólogos y código de conducta* lo siguiente: «Beneficencia y no maleficencia, fidelidad y responsabilidad, integridad, justicia y respeto de los derechos y la dignidad de las personas».

El incumplimiento de un código deontológico puede acarrear la expulsión como miembro de la organización profesional y la pérdida de las credenciales necesarias para ejercer la profesión. Como vemos, es mucho lo que depende del cumplimiento del código ético establecido, incluido el mantenimiento de la capacidad para ejercer como experto en salud mental, aquello que se puede y no se puede hacer con los clientes e incluso el requisito anual de participar en cursos y talleres de formación continua centrados en la ética para poder mantener la licencia.

En este escenario, el mensaje es claro: la práctica terapéutica debe ser, ante todo, ética. Y, en la mayoría de los casos, aquello que se designa como ético se equipara a lo que es legal y justo. No obstante, el campo de la ética es amplio. Desde el punto de vista filosófico, el estudio de la ética se ocupa de analizar cómo conviven las personas. El término «ética» deriva del griego *ethos*, que se refiere a las costumbres y hábitos de vida. Pero, como hemos dejado claro a lo largo de este libro, la forma en que las personas deben vivir juntas se concibe en términos locales, culturales e históricos. Y, en ese sentido, debemos esperar y esperamos diferencias en la forma en que las comunidades conviven «éticamente». Sin embargo, hay subámbitos de la ética, como la ética relacionada con cuestiones de justicia y delincuencia. La mayoría de los códigos éticos profesionales, si bien se ocupan de cómo deben convivir las personas, suelen utilizarse para determinar cuándo es necesario emprender acciones legales en, por ejemplo, el caso de no mantener la confidencialidad del cliente, la protección frente a la explotación, el abuso sexual o físico, o las relaciones duales. (En el cuadro 6.1, se abordan cuestiones éticas en un caso de relación dual.)

Debemos plantearnos qué se considera ético en un mundo de multiplicidad, diferencia y complejidad. Para muchos, el simple hecho de formular esta cuestión puede suscitar inquietud;

Cuadro 6.1. **De todos modos, ¿de quién es la ética?**

Veamos una cuestión diferente: las relaciones duales. El término *relación dual* se refiere a la existencia de múltiples relaciones entre un terapeuta y su cliente. Los profesionales de la salud mental deben evitar entablar una relación con un cliente que vaya más allá de la relación terapéutica. En términos generales, este compromiso es útil. Si el cliente y el terapeuta inician una relación diferente, adicional (por ejemplo, compañeros de trabajo, supervisor/supervisado, pareja romántica, amigos), puede confundirse la distinción entre lo que es terapéutico y lo que tiene lugar en el ámbito de otra configuración relacional. ¿Se dan «consejos» para apoyar o para criticar? ¿Las acciones alentadoras son terapéuticas o manipuladoras?

Piense en lo siguiente. Lleva dos años trabajando con una adolescente que se define a sí misma como socialmente ansiosa. A lo largo de la terapia con ella, ha desarrollado una relación de apoyo. Ella se siente muy cómoda compartiendo su ansiedad con usted y encuentra sus preguntas y comentarios increíblemente acertados. Durante los últimos meses la ha ayudado a gestionar su próxima transición del instituto a la universidad, una situación que claramente ha contribuido a aumentar su ansiedad. Sin embargo, las conversaciones que han mantenido la han ayudado a replantearse esa transición como una aventura y no como una posible pesadilla. Como está muy agradecida por los dos años que han trabajado juntos, le invita a su graduación. Sin embargo, usted se niega a asistir porque considera que su presencia es una violación de la relación terapeuta/cliente. Ella interpreta su respuesta como un rechazo y esa situación aumenta su ansiedad.

¿Y si aceptaba su invitación? ¿Estaría mal? Muchos dirían que sí. ¿Cómo sopesarías los distintos aspectos de esta situación?:

- ¿De dónde procede su sentido de lo correcto/incorrecto en esta situación? ¿A qué tipo de discursos sociales sobre la terapia se refiere cuando se plantea la cuestión de la idoneidad de esta decisión? ¿A quién «responde» en su diálogo interior?
- ¿Declinar su invitación generaría un sentimiento de desaprobación, rechazo o un error de cálculo sobre la naturaleza de su relación?
- ¿Hay alguna manera de que la aceptación de la invitación pueda considerarse como parte del tratamiento terapéutico?
- ¿Cómo interactuaría con su cliente, su familia y sus amigos si decide asistir a la graduación?
- ¿Podría considerarse la asistencia a la graduación como el gran final de su relación terapéutica?
- ¿Cómo podría hablar de este caso con sus colegas y qué le dirían?

En términos abstractos, multiplicar la naturaleza de la relación con otro puede comprometer nuestras acciones. Sin embargo, *todas* las relaciones tienen múltiples dimensiones. De hecho, hay muy pocas relaciones —si es que existe alguna— que permanezcan definidas dentro de un marco claramente delimitado. Alumno y profesor suelen compartir aspectos personales de sus vidas (por ejemplo, el alumno explica un procedimiento médico que le obligará a faltar a clase, o una profesora comparte una historia sobre su hijo para ilustrar un concepto abstracto). Así pues, la expectativa de que lo ético es limitar nuestras relaciones a un único formato no solo se pone en duda sino que parece imposible de cumplir.

cuestionar el código deontológico profesional puede entenderse fácilmente como una voluntad de actuar de formas que se consideran «poco éticas». Sin embargo, cuando pasamos de la certeza y la universalidad de la modernidad(donde se crean los códigos éticos) a una sensibilidad relacional donde la complejidad, la incertidumbre y el matiz de la acción situada sirven de guía, también debemos dejar de aferrarnos a la idea de una noción universal y descontextualizada de la ética. ¿Cómo navegar por el aluvión de perspectivas que encontramos a diario?

Nuestra tradición nos advierte de que un sistema de principios morales comprende lo que se llega a considerar ético. Y, como este sistema ha evolucionado a lo largo del tiempo, la tradición y la cultura, se cree que existe –o podría existir– una ética universal. Las implicaciones de este punto de vista tradicional son significativas, ya que exigen enfoques generalizados de los matizados intercambios cotidianos. Y, por supuesto, esto parece racional y útil; ¿quién querría reclamar un lugar moral para el incesto, el abuso, la violencia, el crimen o la guerra?

No obstante, nos enfrentamos a un problema peligroso. Al presumir la posibilidad de una ética universal, ignoramos las circunstancias muy específicas de cualquier interacción. La alternativa es igualmente inquietante: relativizar la ética hasta tal punto que nos encontramos ante un «todo vale». Lamentablemente, el desafío relacional a la visión tradicional de la ética se ha malinterpretado gravemente como una posición de relativismo desenfrenado (Mackay, 2003a, 2003b), comparando la fibra moral de nuestras profesiones y nuestras tradiciones culturales con una especie de infierno dionisíaco.

Muchos de nosotros trabajamos para generar una postura relacional que aleje nuestra atención de las respuestas correctas/incorrectas y de un mundo en blanco y negro, y la oriente hacia los desafíos complejos y contradictorios de la vida humana. Nos gustaría proponer una comprensión de la ética relacional que no nos atrape en ninguna de las condiciones identificadas anteriormente. Proponemos que el cambio de una ética tradicional a una ética relacional requiere un cambio de enfoque, de acciones y cuestiones aisladas y específicas a procesos interactivos. Aunque este cambio parezca sencillo, exige adoptar una forma de *ser* en lugar de una forma de *hacer* específica (codificada). Este cambio de paradigma es más una postura que se asume que una técnica o método que se emplea. A continuación explicaremos qué entendemos por una ética relacional, qué nos exige y qué puede conseguir. Luego el análisis se centrará en las implicaciones que tiene una ética relacional en el ámbito de la psicoterapia.

Una ética relacional para la psicoterapia

En términos tradicionales, nuestra reflexión sobre la ética se ha basado en cuestiones o acciones y ha estado determinada por la profesión (Greenspan, 1995; Dietz y Thompson, 2004). Con esto queremos decir que juzgamos acciones (normalmente aisladas) como éticas o no éticas. El abuso infantil, el incesto, el acoso sexual, la delincuencia y la violencia se consideran acciones no éticas. Desde una ética tradicional, todas las acciones pueden determinarse como correctas o incorrectas, buenas o malas. Sin embargo, una vez que nos adentramos en una orientación relacional en la que reconocemos lo correcto y lo incorrecto, lo bueno y lo malo como significados elaborados en comunidad con otros —siempre situados en contextos históricos, culturales y locales— lo que es o no es ético está (potencialmente) definido con menor claridad.

Sin duda, las comunidades, las familias y las tradiciones pueden afirmar con seguridad aquello que está bien o mal *dentro de un contexto específico;* pero si nos alejamos de esa comunidad, familia o tradición, lo que se considera bueno es posible que parezca malo, erróneo o inmoral. Esto se debe a que aquello que consideramos como una acción ética y justa se elabora en la coordinación relacional de las personas en interacción. Pensemos en el matrimonio entre personas del mismo sexo. Como se explica en el capítulo 5, no hace mucho tiempo que las relaciones entre personas del mismo sexo, y mucho menos el matrimonio, se consideraban inmorales, poco éticas e ilegales. En general, se aceptaba que el matrimonio era el sacrosanto privilegio de las uniones heterosexuales. En algunos focos extremos, la moralidad de la heterosexualidad llevó a la creación de la terapia de conversión. Según todas las estimaciones, los terapeutas que practicaban la conversión actuaban éticamente en sus intentos de convertir a un cliente de su identidad homosexual o bisexual a la heterosexual. En la actualidad, aunque la terapia de conversión sigue siendo una opción en algunos lugares, muchos tienen una visión muy diferente de las identidades no heterosexuales y del matrimonio entre personas del mismo sexo. La idea de que el matrimonio entre personas del mismo sexo podía considerarse no solo ilegal sino también contrario a la ética, se negoció culturalmente en respuesta a la política imperante de la época. La cuestión que se plantea aquí no es quién o qué está bien y quién o qué está mal. Más bien deberíamos preguntarnos quién gana y quién pierde cuando ciertas identidades se consideran éticas y otras no. La acción ética, o sea la acción guiada por un sistema de valores y creencias, no existe hasta que las personas negocian juntas.

Este ejemplo plantea una cuestión adicional. ¿Es ético que un terapeuta identifique a la persona que acude a terapia (en este caso, la persona que se identifica como homosexual) como la «persona problemática» cuando el cliente ha sido remitido o enviado a terapia por otra persona? Si en la conversación terapéutica esa persona no considera que haya ningún problema en sus relaciones homosexuales, ¿por qué necesita terapia? ¿Estaría el enfoque del terapeuta más orientado éticamente por los puntos de vista divergentes de la persona en terapia y de quien le ha remitido a la consulta? ¿Sería ético que todas las partes implicadas participaran en la conversación terapéutica? ¿Cómo responde un terapeuta a casos como este de terapia «forzada»?

Las preguntas que planteamos aquí son intencionadamente provocativas. Si consideramos la terapia como un proceso de construcción social, lo que hagamos en situaciones como estas importa. Por ejemplo, si el cliente en terapia no experimenta ni narra su homosexualidad (por ejemplo) como un problema, pero la persona que lo deriva sí, hay algunas cuestiones que deben abordarse: ¿qué importancia tiene la relación entre la persona que remite y la que está en terapia? ¿Se verá amenazado el bienestar de esta persona (empleo, vida familiar) si no se abordan los diferentes puntos de vista de la situación? ¿Usted, como profesional, quedará atrapado en el drama de lo correcto/incorrecto al ignorar las diferencias que existen entre el cliente y la persona que le remite a la consulta? ¿Hay alguna forma de introducir otras voces en la conversación, voces que intenten coordinar los distintos puntos de vista en lugar de decidir quién tiene razón y quién no? Estos son algunos de los diálogos internos que podemos mantener cuando consideramos la terapia como un proceso de construcción de significado.

Además, considerando la naturaleza de la relación terapéutica y las expectativas que conlleva, ¿no deberíamos explorar, en lugar de las relaciones duales, el desequilibrio de poder que la psicoterapia no puede evitar? Un cliente comparte detalles íntimos con un profesional que no comparte nada o muy poco de su vida a cambio. Es interesante observar que es precisamente debido a este desequilibrio de poder por lo que las relaciones duales se consideran poco éticas. Se podría haber negociado con la misma facilidad que el desequilibrio de poder en la terapia no es ético (podríamos suponer que compartir problemas graves y detalles íntimos de la propia vida es más «normal» cuando el oyente y el interlocutor cambian de posición a lo largo de la conversación, lo que hace que la relación sea más democrática). Por supuesto, esta idea trae al primer plano cuestiones de pericia, y no queremos sugerir, ni siquiera insinuar, que los terapeutas no tengan una pericia particular. Y, al mismo tiempo, las personas que acuden a terapia también aportan la experiencia de sus propias vidas. ¿Cómo tenemos en cuenta en términos éticos ambas formas de experiencia? Las relaciones duales se consideran poco éticas sobre todo por el desequilibrio de poder entre el terapeuta (poderoso, que tiene el control) y el cliente (impotente, que no tiene el control). Si, en lugar de considerar que las relaciones duales no son éticas, el propio desequilibrio de poder en la terapia se considerara no ético, quizá clientes y terapeutas tendrían libertad para negociar juntos la naturaleza de su relación. No estamos defendiendo la posición de que esto deba ser así. Simplemente intentamos ilustrar de qué manera los significados establecidos en un momento determinado, en un contexto concreto, son sensatos y, sin embargo, esa sensibilidad puede no perdurar en el tiempo y en el espacio. Veamos un ejemplo en el cuadro 6.2.

Ética como contenido frente a ética como proceso

Nos gustaría retroceder unos pasos y ampliar la conversación y la reflexión sobre el discurso de la ética y el lugar que ocupa dentro de la cultura contemporánea. Nuestra esperanza es que este debate proporcione recursos fructíferos que ayuden a los profesionales a evitar etiquetas y métodos de tratamiento que tienen el potencial de patologizar aún más a quienes buscan ayuda terapéutica. Al mismo tiempo, debemos dejar claro que nuestro intento no pretende desestimar el sufrimiento o el malestar que experimenta cualquier persona o familia, ni exacerbar el malestar actuando de

Cuadro 6.2. La imposibilidad de las relaciones singulares: un ejemplo

En los años noventa, Emerson trabajaba terapéuticamente con personas que vivían con el sida, como mencionamos en el capítulo 4. Estas personas estaban completamente aisladas de sus antiguos amigos y familiares debido a ese diagnóstico. Emerson asistía a muchas comidas, cenas y reuniones sociales con este grupo. Pensó que esa era la actitud ética: ayudarles a crear y mantener nuevas redes de relaciones, nuevas asociaciones y actividades en las que se sintieran bienvenidos. Juntos, con la ayuda de Emerson, crearon una ONG. Durante un breve período de transición, los miembros de este grupo fueron a la vez clientes de Emerson y coactivistas que trabajaban en esa organización. Con el tiempo, terminaron su terapia y se convirtieron en colegas. Juntos organizaron conferencias, reuniones y protestas.

En este caso, la asociación como activistas fue realmente terapéutica para los clientes. Sin embargo, hay otras situaciones en las que los terapeutas se hacen amigos de los clientes por motivos personales (soledad, el cliente tiene algo de valor que el terapeuta quiere, etc.). Nosotros no veríamos la oportunidad del terapeuta de obtener un beneficio personal como una extensión ética de la relación terapéutica. Para nosotros, la cuestión se centra en los intereses de quién se están privilegiando.

un modo que se considere injusto, inequitativo u opresivo. Más bien, nuestro interés es plantear preguntas sobre cómo el discurso de la ética es a menudo utilizado por los profesionales más como un escudo protector personal que como un intento de apoyo para ayudar a la transformación del cliente. Los códigos éticos profesionales, si bien se presentan como una protección tanto para los clientes como para los terapeutas, a menudo garantizan que los profesionales eviten comprometerse con el problema del paciente y, en su lugar, transfieran al cliente a otro lugar en busca de ayuda para evitar complicaciones éticas. Por ejemplo, los malos tratos en la familia se transfieren al sistema judicial. El abuso de drogas se transfiere a un programa de tratamiento de sustancias. Los problemas en el lugar de trabajo pueden transferirse al departamento de Recursos Humanos para su mitigación. ¿Existen formas en las que los profesionales terapéuticos puedan comprometerse de forma generosa con los clientes que se enfrentan a estos problemas sin violar su código ético profesional? ¿La transferencia de casos a estas otras autoridades ayuda a los clientes o protege a los profesionales?

Estas preguntas colocan en primer plano la cuestión de la ética. Sabemos que todos los profesionales de la asistencia social deben atenerse a un código deontológico profesional. Aunque estos códigos varían ligeramente de una profesión a otra (por ejemplo, de trabajador social a psicoterapeuta, de psiquiatra a psicólogo, etc.), tienen mucho en común. El contenido de estos códigos éticos es prescriptivo; indican de qué manera se debe actuar y qué se debe o no se debe hacer en las interacciones con los clientes. No es nuestra intención sugerir que la orientación ética de los profesionales sea innecesaria. Pero sí queremos cuestionar la relevancia de estos códigos generalizados y abstractos en el contexto de las complejidades de las muy matizadas y únicas vidas de las personas que buscan terapia. En la tabla 6.1, comparamos

Tabla 6.1. Ética del contenido frente a ética del proceso

ÉTICA DEL CONTENIDO	ÉTICA DEL PROCESO
Competencia	Flexibilidad de recursos
Integridad	Respeto y curiosidad por cosmovisiones alternativas
Responsabilidad profesional y científica	Responsabilidad relacional (atención a procesos de relación)
Respeto por los derechos y la dignidad de las personas	Invitar a relatos personales
Preocupación por el bienestar de los demás	Evitar los juicios
Responsabilidad social	Coordinar la multiplicidad

los Principios Generales de los Principios Éticos de los Psicólogos y el *Código de Conducta de la Asociación Americana de Psicología* (American Psychological Association, 2017) con los recursos construccionistas que guían una visión procesual de la ética.

Como podemos ver en la tabla 6.1, el cambio de una ética de contenido a una ética de proceso (relacional) se centra en el compromiso de los profesionales y los clientes *entre sí.* La tradición de la ética centrada en el contenido tiene como objetivo las formas en que los profesionales deben y deberían proteger a los clientes, creando de este modo una jerarquía donde el profesional asume la responsabilidad del cliente. Por el contrario, una ética sensible a las relaciones tiene en cuenta las formas en que los discursos centrales que circulan en la cultura patologizan a los clientes y limitan las posibilidades de los profesionales y los clientes a la hora de entablar una conversación terapéutica (véase el cuadro 6.3).

En todos los casos anteriores, podemos apreciar que un discurso parece indicar simplemente «cómo son las cosas» y no, por ejemplo, una forma de ser que surge a medida que las personas interactúan en contextos específicos. Al considerar estos discursos

---

Cuadro 6.3. Adoptar una ética del potencial discursivo

Una ética relacional desplaza nuestra atención de una ética profesional (una ética del contenido en la que priman las nociones abstractas) a una ética del potencial discursivo (McNamee, 2009, 2015a), o aquello que en este libro denominamos ética del proceso. Las éticas de proceso o relacionales atienden a los discursos dominantes vigentes. Es decir, una ética relacional cuestiona las formas de hablar y actuar que damos por hechas. Cuando hablamos de discursos dominantes nos referimos a esas formas incuestionables de hablar y actuar con las que nos comprometemos cada día. Foucault (2009) se refiere a los discursos dominantes como «regímenes disciplinarios» porque estas formas incuestionables de hablar y actuar nos *disciplinan* de tal manera que contribuyen a mantener un orden social concreto. Por ejemplo, el discurso dominante de la psicología dominante nos *disciplina* a pensar en nosotros mismos como individuos autosuficientes. El yo *contiene* características que nos hacen ser quienes somos: nuestras actitudes, nuestras personalidades, nuestros rasgos, nuestras emociones. Además, el discurso de la psicología dominante nos *disciplina* de forma que nos lleva a creer y actuar como si la racionalidad, la inteligencia y la memoria, por ejemplo, fueran características esenciales de la persona.

dominantes solo como eso –discursos que han surgido a través de nuestra propia interacción a lo largo del tiempo– llegamos a reconocer nuestras propias huellas en la construcción de «cómo son las cosas», y la posibilidad de cambio está siempre al alcance de la mano. Si no reconocemos que estos discursos dominantes se originan en el ámbito de tradiciones construidas, podemos, por supuesto, considerarlos como hechos (véase la tabla 6.2). Esta concepción podría llevarnos a actuar sin cuestionamientos como si el mundo funcionara así. Olvidamos la parte que nos corresponde en el mantenimiento de estos discursos y de las prácticas

Tabla 6.2. Los efectos de los discursos dominantes

Discurso dominante	Efectos disciplinarios
El discurso de la medicina	Ofrecemos nuestros cuerpos a los profesionales de la medicina para que los examinen, pinchen, etc.
El discurso de la educación	Asumimos que los profesores son expertos, que somos ignorantes hasta que nos «enseñan», que las formas tradicionales de educación son la mejor manera de «educarse», etc.
El discurso del diagnóstico	Nos ofrecemos a expertos que saben mejor que nosotros qué es lo que «falla» en nosotros
El discurso de la evaluación	Creemos que existe un criterio definitivo por el que pueden juzgarse nuestras acciones
El discurso del conductismo	Aprendemos a través de programas organizados de refuerzo positivo y negativo de nuestros comportamientos
El discurso del humanismo	Somos agentes individuales que originamos nuestros propios pensamientos y acciones

en las que se basan. Al mismo tiempo, son nuestras interacciones a nivel micro las que mantienen vivos estos discursos macrosociales. Si cambiamos nuestras interacciones podemos cambiar también nuestros discursos incuestionables.

Mientras que una visión tradicional de un código ético profesional es un discurso disciplinario, una ética relacional empieza por cuestionar, y por lo tanto deconstruir, estas formas de ser que se dan por hechas. Al hacerlo, una ética relacional amplía nuestro potencial discursivo. En otras palabras, amplía nuestros recursos para la acción. En este punto comenzamos a ver que todos los discursos pueden utilizarse como recursos. Y debemos reconocer que un recurso es muy diferente de un hecho o una verdad.

Los códigos éticos profesionales a los que están sujetos los profesionales actúan como discursos dominantes. Son visiones en gran medida incuestionables de lo que puede o no puede hacer un terapeuta, de cómo debe o no relacionarse con los clientes y de qué cuestiones o acciones son o no éticas. No obstante, si cuestionamos estos discursos dominantes accedemos a un mundo de posibilidades. Podemos, por ejemplo, cuestionar cómo una guía ética específica, si se respeta en un momento terapéutico muy concreto, puede causar más mal que bien. La mayoría de los terapeutas experimentados llevan a cabo este tipo de reflexión crítica necesaria aunque no lo hagan desde una visión de la terapia como proceso de construcción social. Creemos que la noción construccionista de que, como terapeutas, formamos parte de la construcción de los significados que surgen en la terapia nos ayuda a adoptar una postura crítica ante estos códigos éticos que se dan por supuestos.

Una ética relacional (orientada al proceso) exige que aceptemos la naturaleza contingente del significado o, dicho de otro modo, la naturaleza evolutiva de los procesos interactivos. A medida que participamos en una conversación, cambia el sentido de lo que deberíamos hacer o de lo que podríamos hacer. El carácter moral de la vida cotidiana se basa en esta cualidad contingente de nuestros compromisos conversacionales, enmarcados como están en los discursos dominantes respecto del bien y el mal (en general, la ética del contenido), por lo que esos compromisos –esos procesos interactivos– se convierten en nuestro centro de atención necesario.

La importancia de centrar la atención en los procesos interactivos y no en las acciones aisladas o las intenciones privadas radica en que al hacerlo se cuestiona el supuesto de que la ética profesional siempre redunda en beneficio de la vida de los clientes. Cuestionar este supuesto requiere que dejemos de lado el discurso de la intencionalidad (otro discurso dominante instalado en nuestra cultura) y exploremos en su lugar lo que se está creando en la conversación terapéutica. En otras palabras, proponemos suspender la imputación de la propia intención (es decir, suponer que, por ejemplo, el cliente quiere autodestruirse) y, en su lugar, sentir curiosidad por la acción del cliente (es decir, «cuando dice que bebe para olvidar, ¿qué significa eso para usted?»). Si privilegiamos el discurso de la intencionalidad (en el presente ejemplo, el cliente quiere autodestruirse) estamos privilegiando al profesional y su código ético y experiencia, al tiempo que posiblemente imputamos al cliente intenciones menos honorables. Precisamente por este motivo, las intenciones del profesional (al igual que las intenciones del otro) deberían quedar relegadas a un segundo plano y sustituirse por un enfoque centrado en la responsabilidad relacional; lo que denominamos atención al proceso de relación en sí mismo (McNamee y Gergen, 1999).

A caballo entre lo micro y lo macro

Si nos centramos firmemente en el momento interactivo, podemos comenzar a explorar las formas en que nuestras propias acciones éticas están determinadas por lo que se da por hecho aquello que es ético profesionalmente y, a la vez, son determinantes para ello. ¿Podemos abrirnos a una exploración de los intereses de quien están en juego cuando actuamos sin cuestionar la ética profesional estandarizada (ética del contenido)? Si creemos que un cliente representa un peligro para su familia, ¿sacarle del contexto familiar ayuda a aliviar o a exacerbar ese peligro? ¿Medicar a un cliente diagnosticado de depresión le ayuda a él o a su empleador? ¿El diagnóstico de TDAH en un niño pequeño ayuda a los padres y profesores sobrecargados de trabajo o al niño? ¿Es ético medicar a alguien para que las rutinas diarias no le parezcan tan desafiantes mientras se le mantiene oprimido racial o económicamente? ¿Dónde colocamos los aspectos éticos de estos detalles cotidianos en nuestra ética codificada?

Cambios de primer y segundo orden

En este punto resulta útil recurrir a las ideas de Watzlawick, Weakland y Fisch (2003) sobre el cambio de primer y segundo orden para examinar las cuestiones éticas mencionadas. El cambio de primer orden se caracteriza por la simple sustitución de la acción esperada por una forma de acción nueva o diferente. Sin embargo, cuando esta simple sustitución no cambia todo el escenario, nos referimos a la simple sustitución como cambio de primer orden. Por ejemplo, no es difícil imaginar que un profesional califique de depresiva a una persona que lucha contra la pobreza, el desempleo y los prejuicios raciales. Una vez etiquetada como deprimida, es probable que a esa persona se le prescriban antidepresivos. La medicación alivia gran parte de la angustia diaria que siente el cliente pero no aborda el problema social más amplio que representan la pobreza, la opresión, los prejuicios raciales o el desempleo. De hecho, con el tiempo, es probable que el antidepresivo, por sí mismo, contribuya a agravar el problema al adormecer esos sentimientos de injusticia y sofocar cualquier movimiento hacia el activismo. Desde el punto de vista de una ética relacional, debemos preguntarnos: *¿es ético participar en un sistema injusto y mantenerlo?*

El cambio de segundo orden, por otra parte, implica una transformación total de amplios patrones interactivos. En lugar de «tratar el síntoma», una terapia sensible a las relaciones exploraría el contexto más amplio. El examen y la deconstrucción de los discursos dominantes (por ejemplo, un discurso que afirme que la depresión es característica de ciertos grupos raciales o de personas desempleadas, etc.) abren la posibilidad de explorar los factores sociales (en contraposición a los individuales) que contribuyen a lo que aparece como depresión. El cambio de segundo orden encarna la ética relacional del potencial discursivo en la medida en que los recursos que van más allá de las acciones y los síntomas del cliente pasan a formar parte de la conversación terapéutica. Esto no significa que la medicación y el tratamiento de los síntomas no sean una opción viable; simplemente significa que son *una* opción, y no *lo único que hay que hacer* en una situación determinada. Así posicionadas, incluso las prácticas tradicionales son recursos. Nuestra intención no es eliminar opciones, sino mantenerlas (y sus consecuencias) «ligeras». La conversación terapéutica se orienta hacia la deconstrucción de los discursos dominantes y la exploración de opciones discursivas alternativas. Con ese fin, podemos comenzar a pensar en la ética relacional de la terapia como construcción social en lo que Gergen (2024) denomina activismo poético. En la medida en que una ética relacional desafía los discursos dominantes –discursos que marginan u oprimen a algunas personas–, quienes consideran la terapia como un proceso de construcción social reconocen su parte en el trabajo por el cambio social a gran escala.

Como podemos ver, no es verdad que una ética relacional proporcione necesariamente respuestas a preguntas complicadas. Sin embargo, una ética relacional sí nos proporciona la capacidad reflexiva para cuestionar nuestras prácticas comunes y refutar su estatus de verdad. En el caso descrito en los cuadros 6.2 y 6.4, reconocer que el cambio social y la transformación terapéutica personal están estrechamente entrelazados permitió al terapeuta ir más allá de la clásica conversación terapéutica.

Analicemos ahora otra situación (desgraciadamente) habitual: la separación de los miembros de la familia cuando se ha denunciado un abuso. La mayoría de los contextos culturales obligan a notificarlo a una instancia autorizada que debe asumir la responsabilidad de decidir si el agresor puede permanecer con la familia. El reto para nosotros, al hablar de una ética del potencial discursivo, es considerar cómo podrían transformarse normativas sociales más amplias como esta y que sean sensibles a las diferencias contextuales y relacionales. Aunque alejar al agresor para proporcionar seguridad y un sentimiento de comodidad a todos los demás miembros de la familia puede ser una medida acertada en muchos casos, sin duda merece la pena preguntarse si es útil que los terapeutas lo consideren una «obligación» en todos los casos. ¿Podría darse el caso de que, en algunas familias, la separación se vive como violencia? Sabemos que son cuestiones difíciles de afrontar; nadie quiere exponer a alguien que ha sufrido abusos sexuales u otros abusos físicos a su agresor como si no hubiera pasado nada. Pero, ¿qué sabemos de la situación de una familia antes de hablar con ella? ¿Podría haber formas más humanas de avanzar, formas que proporcionen los recursos y las oportunidades para que agresor y víctima (y otros miembros de la familia) reconstruyan sus identidades, sus relaciones y sus formas de seguir juntos? ¿No sería útil una terapia centrada en explorar la posibilidad de nuevas coordinaciones como estas?

Para abordar precisamente estas cuestiones, Elspeth McAdam (2003, comunicación personal) *comienza* su trabajo con familias donde se han producido situaciones de abuso sexual cuestionando la sensatez de la decisión de dividir a la familia separando al agresor. Sin duda, en algunos casos, naturalmente, dicha separación está justificada y es útil. Pero McAdam no presupone que la separación sea el primer paso necesario. En su lugar, invita a la familia a una conversación terapéutica relativa a la «seguridad». Pide a todos los miembros de la familia que describan lo que debe ocurrir para que cada uno se sienta seguro. Al iniciar esta conversación, McAdam ofrece primero a la familia la oportunidad de escuchar y aprender lo que la seguridad significa para cada uno de sus miembros. La noción misma de que estar seguro tiene significados diferentes para los miembros de la familia suele ser una información nueva para la propia familia. En segundo lugar, la capacidad de reconocer diferentes interpretaciones dentro de la familia abre el camino para explorar *juntos* posibles cambios en la acción. Es decir, si los miembros de la familia interpretan las acciones de diferentes maneras, ¿cómo podrían las nuevas formas de acción permitir a los miembros coordinar sus significados de manera que se alcancen nuevos entendimientos?

Como vemos, este tipo de conversación terapéutica no absuelve al agresor. Tampoco «culpabiliza a la víctima» ni resuelve cuestiones sociales a gran escala sobre la sexualidad y la violencia. Sin embargo, ofrece a los miembros de la familia la oportunidad de encontrar (juntos) la manera de seguir adelante. Esto no significa que, como profesionales, nos limitemos a dejar estas decisiones en manos de los propios miembros de la familia. El terapeuta que actúa de este modo también forma parte de la conversación. Y, como miembro de la conversación, también incluye el discurso de la ética profesional, que se centra en las acciones social (y legalmente) aceptables. Está claro que el enfoque de McAdam no aboga por dejar que las familias

Cuadro 6.4. Ser ético a diferentes niveles

Una vez más podemos examinar la relación «dual» de Emerson con
sus clientes enfermos de sida, que se convirtieron en sus colegas
en la fundación de una oengé centrada en el activismo contra
esa enfermedad (véase el cuadro 6.2). Emerson intentaba ofrecer
atención a quienes acudían a terapia y, al mismo tiempo, tratar
de cambiar las propias condiciones que causaban su sufrimiento.
Con este objetivo fundó una ONG junto con sus clientes. Invitó a
mantener conversaciones sobre los orígenes sociales y políticos
de los problemas que compartían y sobre cómo podían ayudarse
mutuamente fuera de la sala de terapia. Emerson se unió a ellos
para participar en diferentes conferencias sobre el sida. También
apoyó sus iniciativas en todo lo que estaba en sus manos. De este
modo, Emerson se unía a sus clientes desarrollando una forma
de activismo social. No le bastaba con ofrecer tratamiento terapéutico; reconocía la relación recursiva entre sus conversaciones
terapéuticas microsociales y los discursos macrosociales dominantes sobre el sida y la homosexualidad que los estigmatizaban.
Crear una ONG para concienciar sobre la naturaleza opresiva de
este discurso macrosocial se convirtió en una forma de terapia y
de cambio social. Así, vemos que las cuestiones éticas y las posibles acciones no se sitúan en un único nivel, sino que se negocian
en distintos niveles que pueden desplegarse en caminos impredecibles, poderosos y creativos.

Ahora, eche un vistazo a su propio contexto de práctica e intente
ejercer este mismo tipo de construcción creativa de posibilidades

éticas en diferentes niveles. Piense en un desafío ético al que deba enfrentarse.

- En primer lugar, describa la situación con todo detalle. Intente no emitir juicios de valor mientras lo hace. Por ahora, concéntrese simplemente en darle vida sobre el papel: ¿quiénes son las personas implicadas? ¿Qué es lo que está en juego para ellos? ¿Cuáles son los escenarios donde tiene lugar?
- Una vez que haya completado esta descripción, léala otra vez y tómese un momento para reflexionar sobre lo siguiente: si tuviera que ponerle un título al dilema ético que está tratando, ¿cuál sería?
- Fíjese ahora en el título de su dilema ético y descomprímalo. ¿Qué le dice sobre lo que está en juego para usted en esta situación? ¿Qué intenta proteger al realizar sus movimientos? ¿Cuáles son sus miedos y angustias cuando considera este caso?
- Tiempo para la acción (o, al menos, tiempo para considerar múltiples acciones). En el micronivel de la interacción, ¿con quién puede hablar sobre la situación en la que se encuentra? ¿Qué clase de conversaciones podrían ayudarle a comprender mejor lo que es ético para las distintas personas implicadas? En el nivel macro de reflexión, ¿cuáles son las circunstancias sociales, culturales y económicas que participan en la construcción de esta situación como un desafío ético? ¿Qué tipo de acciones puede emprender respecto de estas circunstancias?

hagan lo que quieran. Sin embargo, su enfoque tampoco se basa en imponer sus propias creencias e interpretaciones o las de su profesión a esa la familia. Juntos, el terapeuta y los miembros de la familia elaboran (crean) formas de vida tanto familiares como sociales.

Llegados a este punto, debemos señalar que la obra de McAdam no ignora la violencia sexual o física. No es ese su objetivo. Ella acepta la creencia incuestionable de que tal vileza no debe ser tolerada. Al iniciar el encuentro terapéutico con el tema de la seguridad, no solo cuestiona la creencia indiscutible de que el agresor debe ser apartado de la familia sino que abre un espacio que permite al agresor participar como miembro de la familia. Para nosotros, este cambio es sutil, pero en absoluto menor. Y, en este ejemplo, empezamos a ver el permanente acto de equilibrio que requiere una ética relacional: el terapeuta y el cliente mantienen algunos discursos dominantes y cuestionan otros (véase el cuadro 6.5).

La ética relacional como forma de vida

Esto nos lleva a un enfoque central de la orientación construccionista del mundo: el lenguaje. Mientras que el enfoque tradicional, propio de la modernidad, del mundo social se centra en los individuos (incluidos sus cualidades, acciones, pensamientos privados e intenciones), la orientación construccionista enfatiza *aquello que la gente hace junta y qué clase de mundos sociales surge a través de sus interacciones*. El cambio se produce del examen de las acciones individuales, las personas y las ideas a la exploración de los procesos interactivos. El enfoque construccionista del lenguaje aplica la idea de Wittgenstein (2012/1922) de que «los límites de mi lenguaje significan los límites de mi mundo» (5.6). Concebimos el lenguaje como «aquello que la gente hace juntos»

Cuadro 6.5. Mantener o cuestionar los discursos dominantes: una actividad autorreflexiva

¿Cómo podría poner en práctica la idea construccionista de la ética del potencial discursivo en los siguientes desafíos? ¿Qué preguntas podría plantear? ¿Qué discursos dominantes podría deconstruir (cuestionar)? ¿Cómo podría crear un delicado equilibrio entre la defensa de algunos discursos dominantes y el cuestionamiento de otros? Piense en las siguientes afirmaciones, muchas de ellas suposiciones generalmente compartidas sobre cómo debe ser un terapeuta. Cada una de estas cuestiones es compleja. Hay muchas maneras de pensar sobre cada una de ellas. Coja una hoja de papel para cada una de las siguientes cuestiones y divídalas en dos columnas. En la parte superior de la columna de la izquierda, escriba «ideas para 'respetar' el punto de vista dominante». En la parte superior de la columna de la derecha escriba «ideas para desafiar la opinión dominante».

- La política no tiene cabida en la relación terapéutica.
- Los terapeutas deben permanecer culturalmente neutrales.
- Dado que los terapeutas deben permanecer neutrales, las opiniones personales de un terapeuta sobre la sexualidad son irrelevantes para el proceso terapéutico con clientes LGTB.
- Si hay abusos sexuales o físicos en una familia, el agresor debe ser expulsado.

Después de completar sus notas para cada uno de los temas anteriores, vuelva a ellos e intente imaginar cómo puede «respetar» la opinión dominante al mismo tiempo que la desafía.

y, por lo tanto, el lenguaje incluye todas las actividades personificadas, es más que palabras o texto. Wittgenstein (2009) utilizó el
término «juegos lingüísticos» para subrayar que el lenguaje es una
actividad y no un simple medio para transmitir información. Su
visión del lenguaje era un desafío a su visión anterior –denominada visión de correspondencia o representacional del lenguaje–
en la que las palabras se consideran un reflejo del mundo real.
Para Wittgenstein (2009), cuando hablamos y actuamos estamos
creando mundos vitales completos, lo que él llamó «formas de
vida». Su intento fue «poner de relieve el hablar el lenguaje forma
parte de una actividad o una forma de vida» (p. 185) en la que se
crea el significado.

Aplicando las ideas de Wittgenstein observamos que, en un
contexto terapéutico, la ética depende de la forma de vida que se
genera dentro del juego del lenguaje terapéutico. Preguntas como
¿en quién nos estamos convirtiendo? y *¿qué posibilidades se están
creando?* tienen prioridad sobre las preguntas centradas en la evaluación o los interrogatorios sobre acciones concretas y aisladas.

Sentir curiosidad

Vivimos en un lenguaje; esto es lo que nos distingue de otras
criaturas. El lenguaje nos permite ser reflexivos, cuestionarnos e
imaginar formas alternativas de actuación. El lenguaje es también
un instrumento de diferenciación: decir que algo es «bueno» lo
distingue de lo «malo». Como seres que utilizamos el lenguaje,
no podemos evitar establecer distinciones. Y las diferencias suelen
generar conflictos (por ejemplo, mi opinión frente a la suya). La
diferencia también puede generar posibilidad y aquí es donde
la terapia como construcción social sitúa su foco de atención.
Si bien el lenguaje es un dispositivo de diferenciación, todas las

palabras también se refieren siempre a otras palabras (Derrida, 2003), creando de este modo el potencial para el sombreado semántico (Gergen, McNamee y Barrett, 2001). Por ejemplo, es concebible que identificar algo como poco ético sea indicarlo como «diferente». No es tan descabellado ver algo que es diferente como «extraño». Y, cuando nos enfrentamos a algo extraño, podemos sentir curiosidad. Así, en cuatro matices hemos transformado algo poco ético en un punto de curiosidad. Así es como enfrentarse a la diferencia puede ser generativo. Puede abrir nuevas posibilidades.

Supongamos que un terapeuta se enfrenta a un cliente que mantiene una relación extramatrimonial. Hay muchos terapeutas que creen que ese comportamiento no debe sancionarse. La mayoría lo hace con respeto y amabilidad hacia el cliente. Sin embargo, el lenguaje cultural de la monogamia sigue siendo el enfoque principal. No estamos discutiendo a favor o en contra de la monogamia como modo de vida preferido. Sin embargo, es importante intentar comprender las supuestas violaciones de esta norma cultural. ¿Qué sentido tiene la violación para el cliente? ¿Cuál es la historia que está viviendo? ¿Es el comportamiento del cliente una «violación» en su mundo? Suspendemos nuestro deseo de buscar la historia «correcta» y nos interesamos en cambio por múltiples historias y por cómo pueden o no encajar o alimentarse mutuamente.

Explorar los límites de los discursos

Si bien nuestras comunidades lingüísticas (nuestras formas de vida) son fuente de diferencias y, por lo tanto, de conflictos potenciales, la exploración de las fronteras y los puentes entre comunidades lingüísticas —el matiz semántico— también puede ser el origen de posibilidades y de creación de formas de seguir juntos. Las fronteras y los puentes entre las distintas normas éticas también pueden servir para iniciar nuevas coordinaciones que generen nuevas formas de ética. La manera más ingeniosa de asistir a estos puentes y fronteras es sentir curiosidad por la coherencia local (es decir, cómo surge un orden moral muy diferente de la acción negociada de personas en relación). Esto difiere significativamente de nuestra tradición moderna, donde se suprime la diferencia y la voz dominante se equipara con la Verdad y la normatividad. Si intentamos borrar la diferencia, a menudo nos volvemos dogmáticos y confiamos en nuestra capacidad de persuasión, que suele ser opresiva (como pueden serlo el diagnóstico y la medicación). La tendencia de la modernidad a borrar la diferencia se basa en una visión de la ética como principios abstractos.

Influidos por las creencias culturales dominantes en el sentido de que es posible encontrar «la respuesta correcta», «la verdad última» y «lo realmente correcto», perpetuamos la opresión. Si creemos que existe una respuesta (la respuesta *correcta),* centramos nuestra atención en la búsqueda de esa respuesta, esa técnica, esa habilidad o ese método que creemos que, en última instancia, resolverá el problema en cuestión, corregirá la depresión o la ansiedad, o devolverá a las personas a las actuaciones sociales «esperadas» y aprobadas. Pero, en el mundo de la diferencia, ¿de quién es la solución, el método o la verdad que debemos utilizar? Nuestra búsqueda de la respuesta correcta a algunos de nuestros problemas más acuciantes –salud mental, pobreza, opresión, hambre– nos coloca de manera involuntaria en una situación de unos contra otros. Vemos estos enfrentamientos de manera gráfica en los debates actuales respecto del diagnóstico y la medicación. Mientras que algunos profesionales de la salud mental consideran que el diagnóstico y la medicación son necesarios para el bienestar de una persona, grupos como la red Hearing Voices (www.hearing-voices.org/) –analizados en el capítulo 4– y quienes contribuyen al sitio web Mad in America (www.madinamerica.com/) sostienen que el diagnóstico y la medicación suelen ser perjudiciales y poner en peligro la vida de las personas.

Ampliar las conexiones

En un trabajo relacionado, Holzman (2015) informa respecto de algunos resultados muy interesantes obtenidos a partir de una encuesta comunitaria centrada en las opiniones de los legos sobre el diagnóstico y la medicación. Los resultados de dicha encuesta indican que:

> Todos ofrecieron una alternativa [al diagnóstico y la medicación]... Las respuestas más frecuentes se referían a hablar con la gente: terapia, asesoramiento, terapia de grupo fueron las más comunes (incluyendo: «Un centro al que puedan acudir sin ser diagnosticados»), seguidas de familia, amigos, autoayuda y grupos de apoyo.
>
> Se recomendó una amplia variedad de actividades sociales y cambios en el estilo de vida: voluntariado, aficiones, música, danza, escritura, meditación, ejercicio, yoga, dieta, oración y creación de comunidad… (Holzman, 2015).

Lo que sugieren los encuestados en el informe de Holzman es que, ante los problemas, *la interacción con los demás* suele ser más útil que el diagnóstico. De hecho, como ilustra Hari (2015) en el caso de la adicción, los problemas que actualmente se describen como químicos, biológicos o neurológicos son a menudo el subproducto de las relaciones sociales. Hari señala una investigación provocadora (Alexander, 2010) que sugiere que la adicción no es un problema individual (en términos de biología, neurología, química) sino un problema de relaciones. La adicción se produce cuando las personas están aisladas. Formar parte de una comunidad previene la adicción. Esto plantea una cuestión importante: ¿estamos siendo éticos si seguimos considerando la adicción como un problema individual? Teniendo en cuenta las investigaciones actuales, ¿estamos obligados a investigar una forma alternativa de entender la adicción? ¿Qué pasaría si desviáramos nuestra atención de la búsqueda del diagnóstico, la evaluación, la valoración o la respuesta adecuados y, en su lugar, centráramos nuestras energías en examinar condiciones sociales más amplias y de qué manera los «problemas» podrían ser respuestas lógicas a estas condiciones? Este es el enfoque que nos llevará a una comprensión relacional de la ética.

Si centramos nuestra atención en cómo la perpetuación de situaciones indeseables no es el único problema de un individuo concreto sino que es el subproducto de determinadas formas de vida –es decir, formas de vivir en comunidad– podríamos comenzar a ver tanto de qué manera transformar esas pautas en formas novedosas de seguir juntos en el mundo y cómo apreciar la diferencia como parte natural de la vida social y no necesariamente algo que deba reprimirse, evitarse o minimizarse. Necesitamos ampliar la lente; es necesario ver y evaluar lo que está ocurriendo en nuestras comunidades, nuestras instituciones y nuestra cultura. Algunas de las preguntas importantes que hay que plantearse son: ¿cómo ayuda a generar vínculos relacionales fuertes la terapia aplicada a mi problema?, ¿de qué manera el *coaching* para mejorar mi capacidad de liderazgo contribuye a crear una comunidad organizativa fuerte?, ¿cómo me ayudan el diagnóstico, la evaluación y la valoración a valorar las relaciones que muestran apoyo y cuidado?, ¿podemos aprovechar el potencial de la coordinación de las diferencias para ir más allá de las soluciones simples, las resoluciones universales y nuestro deseo de una ética universal? ¿Y si empezáramos a considerar la diferencia como un recurso para la creatividad, la novedad y la transformación social? También debemos considerar las dinámicas relacionales que constituyen desequilibrios de poder. Nuestra intención no es trasladar las cuestiones de injusticia social al ámbito del proceso relacional en el que podría presumirse que todas las partes son igualmente responsables. Este no es en absoluto nuestro argumento. Más bien, al examinar las complicadas relaciones que existen entre los discursos macrosociales dominantes y las interacciones microsociales, tenemos la certeza de que la dinámica del poder siempre forma parte de la ecuación relacional. Es fundamental recordar que esos discursos de poder, esos discursos dominantes, solo existen a través de las interacciones en curso a nivel micro. Como ya hemos dicho, nunca debemos olvidar que nuestras acciones marcan la diferencia. Podemos mantener o deconstruir los discursos dominantes prestando atención a nuestras interacciones cotidianas.

Implicaciones: la ética relacional como potencial discursivo

Como hemos analizado en el capítulo anterior, todos sabemos que recibir un diagnóstico puede ser en ocasiones algo reconfortante. Para quienes luchan por sobrevivir en sus vidas, que un profesional les diga que padecen ansiedad social, depresión, trastorno bipolar o TDAH suele interpretarse como el comienzo de un nuevo viaje, un viaje hacia el bienestar. Sin embargo, para otros, las etiquetas que reciben solo sirven para estigmatizar, desmoralizar y garantizar aún más que la vida diaria seguirá siendo un desafío. Vivimos en una época en la que se valora evaluar y valorar a las personas. Se asume que es mucho más fácil tratar o cambiar a un individuo que reflexionar sobre cómo estamos viviendo juntos y cambiar nuestras prácticas comunitarias. ¿Y si empezáramos a diagnosticar discursos en lugar de hacerlo con las personas? Es más fácil elaborar programas de reforma, educación y castigo que elaborar formas de trabajar en colaboración para garantizar que todos los miembros de una comunidad puedan disfrutar de una buena calidad de vida. Y, por supuesto, no hace falta mencionar el beneficio económico que obtienen quienes invierten en el diseño de programas educativos, terapéuticos y correccionales. Pero, ¿no podría encontrarse ese mismo beneficio económico en el diseño y la aplicación de prácticas sensibles a las relaciones, prácticas que extiendan una red más amplia que el individuo aislado, prácticas que traten de implicar a todos y cada uno de los que puedan considerarse parte del mundo vital de una persona?

Es raro que entremos en interacción con los demás porque nos despierta curiosidad su coherencia: si no están de acuerdo con nosotros, están equivocados. Rara vez pedimos descripciones detalladas de cómo y por qué su punto de vista tan diferente ha surgido como viable y lógico y para quién. En lugar de eso, solemos entrar en estas interacciones con la idea de persuadir a los demás para que acepten nuestro punto de vista como el «correcto». Si somos profesionales, nuestros puntos de vista no solo son correctos sino también éticos. Nuestro diagnóstico del problema de un cliente no es solo lo que se espera de nosotros, sino lo que es necesario. Los clientes acuden a psicoterapia precisamente para que se identifiquen y aborden sus problemas. Este es el mundo de los expertos y de la ética universal. Pero, ¿y si entráramos en la conversación terapéutica con un sentido diferente de la experiencia y nos posicionáramos como interlocutores de nuestros clientes? ¿Podríamos posicionarnos como interlocutores que plantean la cuestión ética en lugar de resolver el problema ético; interlocutores que prestan atención a aquello que los clientes son capaces de conseguir en lugar de aquello que no pueden conseguir? ¿Y si nuestra conversación se centrara en los discursos opresivos y limitadores en los que vivimos, dando así coherencia a los desafíos e incapacidades a los que puede enfrentarse un cliente?

Como interlocutores, ¿qué pasaría si nuestro principal interés consistiera en adquirir una comprensión matizada de la vida y la situación del cliente (en lugar de apresurarnos a conocer, diagnosticar o etiquetar); en invitar a los clientes a considerar las formas en las que un diagnóstico puede proporcionar acceso a recursos actualmente inalcanzables o, por el contrario, puede estigmatizar y oprimir? La mayoría de las personas están mucho más dispuestas a mantener una conversación con alguien que realmente quiere entender su situación que con quien presume de conocerla de antemano. El cambio hacia procesos de compromiso que fomenten la comprensión posibilita la creación de modos alternativos de acción y creación de sentido. ¿Somos capaces de indagar con *interés y curiosidad* junto con los clientes? Y, una vez resueltas las dicotomías bueno/malo, correcto/incorrecto que detectamos en los problemas sociales y personales, ¿podemos lograr alguna forma de acción social coordinada en la que la «diferencia» que aportan nuestros clientes (es decir, un problema) se aborde inicialmente con tolerancia y respeto y como un subproducto de discursos culturales particulares? ¿Podemos imaginar y, lo que es más importante, podemos crear un orden moral que no esté regido por expectativas de unanimidad sino por la coordinación y el malabarismo continuo de la diferencia? Para generar una ética sensible a las relaciones es necesario que reflexionemos sobre cómo nuestras actividades abren y cierran posibilidades. Necesitamos una ética del potencial discursivo. Veamos algunos recursos al respecto en el cuadro 6.6.

Como observamos aquí, el poder para crear el cambio se encuentra en los procesos en curso y no en un agente de cambio individual, un experto o una técnica o modelo probados. No se trata de una batalla entre teorías, modelos, técnicas o verdades que compiten entre sí. Una ética relacional dirige nuestra atención a cómo podemos crear oportunidades para entablar conversaciones diferentes, basadas en la curiosidad, en las que podamos buscar la coherencia local, las historias, la cultura y los valores que nos permitan evitar los juicios abstractos. Con una ética del potencial discursivo, ¿podemos intentar coordinar múltiples órdenes morales e imaginar un futuro sensible a las relaciones?

Una ética del potencial discursivo examina de qué manera nuestras actividades y nuestras presunciones abren y cierran posibilidades. Reconoce que el cambio se localiza en procesos continuos, no en agentes de cambio individuales (es decir, profesionales). Intenta coordinar múltiples órdenes morales en lugar de arbitrar entre las diferencias. Imagina un futuro sensible a las relaciones. Y aprovecha el potencial para coordinar las diferencias e ir más allá de las soluciones simples, las resoluciones universales y nuestro deseo de eliminar las diferencias de una vez por todas.

En palabras de Richard Rorty (1999):

El desarrollo moral del individuo y el progreso moral de la especie humana en su conjunto ... [es] una cuestión de rehacer el yo humano para ampliar la variedad de las relaciones que constituyen ese yo (pp. 77-79).

Cuadro 6.6. Recursos útiles para una ética del potencial discursivo

Por supuesto, no existen directrices sencillas que garanticen una actuación ética. Sin embargo, la siguiente lista proporciona algunos recursos a los que puede recurrir cuando se enfrente a un reto difícil. Piense en qué clase de preguntas le inspira cada uno de los puntos de la lista y qué acciones le inspira cada uno de ellos en relación con un asunto concreto.

- Abordar la idea de multiplicidad:
  - Ética múltiple.
  - Múltiples partes interesadas ante las que debemos rendir cuentas.
  - Múltiples interpretaciones de una misma situación.
- Centrarse en las configuraciones relacionales, no en los individuos.
- Incluir múltiples voces.
- Generar prácticas participativas.
- Prever futuros eficaces.
- Destacar y coordinar los puntos fuertes, las capacidades y las pasiones.
- Mantener un punto de vista flexible.
- Colaborar.
- Estar atento a los procesos de construcción.
- Mantener la conciencia del valor.
- Evitar juzgar.
- Evitar los intentos de persuadir o cambiar al otro.
- Buscar nuevas formas de entender (des)conectar las tensiones.
- Centrarse en el desarrollo del proceso.

Resumen del capítulo

En este capítulo hemos explorado la diferencia entre respetar un código ético profesional y comprometerse con una ética relacional. Cuando empleamos una ética relacional, ampliamos el potencial del cliente y el terapeuta para moverse entre discursos alternativos, creando así nuevos entendimientos y nuevas formas de seguir juntos. Esperamos que al finalizar este capítulo (y este libro) haya ampliado su comprensión de lo que significa practicar la terapia como construcción social. Un aspecto fundamental de esa práctica es la profunda apreciación de la intrincada relación entre las interacciones microsociales y los discursos macrosociales. Son mutuamente dependientes y, una vez que vemos esta interdependencia, reconocemos una multitud de recursos para la práctica terapéutica; recursos que abordan no solo los procesos de creación de significado de un individuo, pareja o familia (nivel micro), sino recursos que exponen cómo nuestras interacciones íntimas crean, mantienen y transforman los discursos dominantes que prevalecen culturalmente.

Referencias

Alexander, B. (2010). *The globalization of addiction: a study in poverty of the spirit*. Oxford: Oxford University Press.

American Association for Marriage and Family Therapy (AAMFT) - California Division. (2014). *LGBT affirmative therapy: tips for creating a more lesbian, gay, bisexual, transgender, & gender inclusive practice from the AAMFT queer affirmative caucus*. Extraído de https://education. uoregon.edu/sites/default/files/affirmative_ therapy_handout_0.pdf.

American Counseling Association (2009). *ALGBTIC competencies for counseling LGBQIQA*. Extraído de www.counseling.org/docs/default-source/competencies/ algbtic-competencies-for-counseling-lgbqiqa. pdf?sfvrsn=1c9c89e_16.

American Psychological Association (2012). Guidelines for psychological practice with lesbian, gay, and bisexual clients. *American Psychologist, 67*(1), 10-42. DOI: 10.1037/a0024659.

American Psychological Association (2017). Ethical principles of psychologists and code of conduct (2002), modificado con efecto a partir del 1 de junio de 2010 y del 1 de enero de 2017). www.apa.org/ethics/code/index.html.

American Psychological Association Presidential Task Force on Evidence-Based Practice (2006). Evidence-based practice in psychology. *American Psychologist, 61*, 271-285. DOI: 10.1037/0003-066X.61.4.271.

Andersen, T. (1987). The Reflecting Team: Dialogue and meta-dialogue in clinical work. *Family Process, 26*(4), 415-428. DOI: 10.1111/j.1545-5300.1987.00415.x.

Andersen, T. (1996/1992). Reflexiones sobre la reflexión con familias. En S. McNamee y K. J. Gergen (eds.), *La terapia como construcción social* (pp. 77-91). Barcelona: Paidós.

Andersen, T. (1996). Language is not innocent. En F. W. Kaslow (ed.), *Handbook of relational diagnosis and dysfunctional family patterns* (pp. 119-125). Hoboken, NJ: John Wiley & Sons.

Anderson, H. (1999). *Conversaciones, lenguaje y posibilidades.* Buenos Aires: Amorrurtu Editores.

Anderson, H. (2012a). Collaborative practice: a way of being "with". *Psychotherapy and Politics International, 10*(2), 130-145. DOI: 10.1002/ppi.1261.

Anderson, H. (2012b). Collaborative relationships and dialogic conversations: ideas for a relationally responsive practice. *Family Process, 51*(1), 8-24. DOI: 10.1111/j.1545-5300.2012.01385.x.

Anderson, H. y Goolishian, H. A. (1988). Human systems as linguistic systems: Preliminary and evolving ideas about the implications for clinical theory. *Family Process, 27*(4), 371-393. DOI: 10.1111/j.1545-5300.1988.00371.x.

Anderson, H. y Goolishian, H. (1996/1992). El experto es el cliente: la ignorancia como enfoque terapéutico. En S. McNamee y K. J. Gergen (eds.), *La terapia como construcción social* (pp. 45-59). Barcelona: Paidós.

Anderson, H., Goolishian, H. y Winderman, L. (1986). Problem-determined systems: Towards transformation in family therapy. *Journal of Strategic and Systemic Therapies, 5*(4), 1-13. DOI: 10.1521/jsst.1986.5.4.1.

Audet, C. y Paré, D. (eds.). (2018). *Social justice and counseling.* Nueva York: Routledge.

Bakhtin, M. (1996). *La imaginación dialógica.* Buenos Aires: Taurus.

Ballinger, L. (2017). Feminist therapy. En C. Feltham, T. Hanley y L. A. Winter (eds.), *The SAGE handbook of counselling and psychotherapy* (pp. 1029-1037). Londres: Sage.

Ballou, M., Hill, M. y West, C. (eds.). (2008). *Feminist therapy theory and practice: a contemporary perspective.* Nueva York: Springer.

Barreto, A. P. (2008). *Terapia comunitária passo a passo* (2.ª ed.). Fortaleza, Brasil: LCR.

Bartoli, E. y Pyati, A. (2009). Addressing clients' racism and racial prejudice in individual psychotherapy: Therapeutic considerations. *Psychotherapy: Theory, Research, Practice, Training, 46*(2), 145-157. DOI: 10.1037/a0016023.

Bateson, G., Jackson, D. D., Haley, J. y Weakland, J. (1991). *Hacia una teoría de la esquizofrenia.* Buenos Aires: Almagesto.

Bauman, Z. (2016). *Modernidad líquida.* Madrid: Fondo de Cultura Económica de España.

Bava, S., Gutiérrez, R. C. y Molina, M. L. P. (2018). Collaborative-dialogic practices: A socially just orientation. En C. Audet y D. Paré (eds.), *Social justice and counseling* (pp. 124-139). Nueva York: Routledge.

Beck, U. (2008). *La sociedad del riesgo: hacia una nueva modernidad.* Barcelona: Ediciones Paidós Ibérica.

Becker, C., Chasin, L., Chasin, R., Herzig, M. y Roth, S. (1995). From stuck debate to new conversation on controversial issues: a report from the Public Conversations Project. *Journal of Feminist Family Therapy, 7*(1-2), 143-163. DOI: 10.1300/J086v07n01_14.

Berger, P. y Luckmann, T. (1968). *La construcción social de la realidad.* Buenos Aires: Amorrurtu Editores.

Bertalanffy, L. V. (1976). *Teoría general de los sistemas.* Madrid: Fondo de Cultura Económica de España.

Bird, J. (2004). *Talk that sings: therapy in a new linguistic key.* Auckland, Nueva Zelanda: Edge Press.

Bolen, R. M. y Hall, J. C. (2007). Managed care and evidence-based practice: the untold story. *Journal of Social Work Education, 43*(3), 463-479. DOI: 10.5175/JSWE.2007.200600656.

Bordin, E. S. (1979). The generalizability of the psychoanalytic concept of the working alliance concept. *Psychotherapy: Theory, Research & Practice, 16*(3), 252-260. DOI: 10.1037/h0085885.

Brinkmann, S. (2014). Languages of suffering. *Theory & Psychology, 24*(5), 630-648. DOI: 10.1177/0959354314531523.

British Association for Counselling and Psychotherapy (2021). *Developing the New Ethical Framework 2018*. Extraído de www.bacp.co.uk/.

Brownlee, K., Vis, J. y McKenna, A. (2009). Review of the reflecting team process: Strengths, challenges, and clinical implications. *The Family Journal, 17*(2), 139-145. DOI: 10.1177/1066480709332713.

Bruner, J. S. (1991). *Actos de significado. Más allá de la revolución cognitiva*. Madrid: Alianza Editorial.

Burr, V. (2015). *Social constructionism* (3.ª ed.). Londres: Routledge.

Busch, R. (2012). Problematizing social context in evidence-based therapy evaluation practice/governance. En A. Lock y T. Strong (eds.), *Discursive perspectives in therapeutic practice* (pp. 245-268). Oxford: Oxford University Press.

Carlson, T. S. y Haire, A. (2014). Toward a relational theory of accountability: an invitational approach to living narrative ethics in couple relationships. *The International Journal of Narrative Therapy and Community Work, 3*, 1-16.

Chasin, L. y Herzig, M. (1992). Creating systemic interventions for the socio-political arena. En B. Gerger-Could y D. DeMuth (eds.), *The global family therapist: integrating the persona, professional and political,* (pp. 149-191). Needham, MA: Allyn & Bacon.

Collins, S. y Arthur, N. (2018). Challenging conversations: deepening personal and professional commitment to culture-infused and socially just counseling practices. En C. Audet y D. Paré (eds.), *Social justice and counseling* (pp. 29-40). Nueva York: Routledge.

Corstens, D., Longden, E., McCarthy-Jones, S., Waddingham, R. y Thomas, N. (2014). Emerging perspectives from the hearing voices movement: implications for research and practice. *Schizophrenia Bulletin, 40*(4), S285-S294, DOI: 10.1093/schbul/sbu007.

Crane, R. D. y Hafen, M. (2002). Meeting the needs of evidence-based practice in family therapy: developing the scientist-practitioner model. *Journal of Family Therapy, 24*(2), 113-124. DOI: 10.1111/1467-6427.00206.

Crethar, H. C., Rivera, E. T. y Nash, S. (2008). In search of common threads: linking multicultural, feminist, and social justice counseling paradigms. *Journal of Counseling & Development, 86*(3), 269-278, DOI: 10.1002/j.1556-6678.2008.tb00509.x.

D'Arrigo-Patrick, J., Hoff, C., Knudson-Martin, C. y Tuttle, A. (2017). Navigating critical theory and postmodernism: social justice and therapist power in family therapy. *Family Process, 56,* 574-588, DOI: 10.1111/famp.12236.

Davies, D. y Neal, C. (eds.). (1996). *Pink therapy: a guide for counsellors and therapists working with lesbian, gay and bisexual clients.* Maidenhead, Reino Unido: Open University Press.

De Shazer, S. (1995). *Claves para la solución en terapia breve.* Barcelona: Ediciones Paidós Ibérica.

De Shazer, S. (1993). Creative misunderstanding: There is no escape from language. En S. Gilligan & R. Price (eds.), *Therapeutic conversations* (pp. 81-94). Nueva York: W. W. Norton & Co.

Denborough, D. (2008). *Collective narrative practice.* Adelaida, Australia: Dulwich Publications.

Denborough, D. (2018). *Do you want to hear a story? Adventures in collective narrative practice.* Adelaida, Australia: Dulwich Publications.

Depreeuw, B., Eldar, S., Conroy, K., Hofmann, S.G. (2017). Psychotherapy Approaches. En S. Hofmann (ed.) International Perspectives on Psychotherapy. Springer, Cham. DOI: 10.1007/978-3-319-56194-3_2.

Derrida, J. (2003). *De la Gramatología.* Ciudad de México: Siglo XXI editores.

Dietz, C. y Thompson, J. (2004). Rethinking boundaries. *Journal of Progressive Human Services, 15*(2), 1-24. DOI: 10.1300/J059v15n02_01.

Dietz Domanski, M. D. (1998). Prototypes of social work political participation: an empirical model. *Social Work, 43*(2), 156-167. DOI: 10.1093/sw/43.2.156.

Drustrup, D. (2020). White therapists addressing racism in psychotherapy: an ethical and clinical model for practice. *Ethics & Behavior, 30*(3), 181-196. DOI: 10.1080/10508422.2019.1588732.

Ellis, C. M. y Carlson, J. (2009). *Cross-cultural awareness and social justice in counseling.* Nueva York: Routledge.

Enns, C. Z. (1997). *Feminist theories and feminist psychotherapies: origins, themes, and variations.* Nueva York: Harrington Park.

Farber, B. A. (2018). "Clowns to the left of me, jokers to the right": Politics and psychotherapy, 2018. *Journal of Clinical Psychology, 74,* 714-721. DOI: 10.1002/jclp.22600.

Fife, S. T., Whiting, J. B., Bradford, K. y Davis, S. D. (2014). The therapeutic pyramid: a common factors, synthesis of techniques, alliance, and way of being. *Journal of Marital and Family Therapy, 40*(1), 20-33. DOI: 10.1111/jmft.12041.

Foucault, M. (2009). *La arqueología del saber.* Madrid: Siglo XXI editores.

Fox, N. J. (2003). Practice-based evidence: towards collaborative and transgressive research. *Sociology, 37*(1), 81-102. DOI: 10.1177/0038038503037001388.

Freedman, J. y Combs, G. (2020). Individuals in competition or communities in connection? Narrative therapy in the era of neoliberalism. En S. McNamee, M. Gergen, C. Carmargo-Borges y E. F. Rasera (eds.), *The SAGE handbook of social constructionist practice* (pp. 193-202). Londres: Sage.

Freud, S. (1976). Sobre la dinámica de la trasferencia. En *Obras completas,* (Vol. XII, pp. 93-107). Buenos Aires: Amorrurtu Editores.

Fuks, S. (2004). Craftsmanship of contexts: An as yet unfinished story of my connection with CMM. *Human Systems: The Journal of Systemic Consultation & Management, 15*(2), 101-114.

Galeano, E. (1993). *El libro de los abrazos.* Madrid: Siglo XXI Editores.

García, A. G., Rodríguez, L. G. y Cruz, H. M. (2020). *Palabras, movimientos y emociones: Nuestro homenaje a Tom Andersen.* Chagrin Falls, OH: Taos Institute Publications.

Gentile, L., Kisber, S., Suvak, J. y West, C. (2008). The practice of psychotherapy: theory. En M. Ballou, M. Hill y C. West (eds.), *Feminist therapy theory and practice: a contemporary perspective* (pp. 67-86). Nueva York: Springer.

Gergen, K. J. (1973). Social psychology as history. *Journal of Personality and Social Psychology, 26*(2), 309-320. DOI: 10.1037/h0034436.

Gergen, K. J. (1978). Toward generative theory. *Journal of Personality and Social Psychology, 36,* 1344-1360. DOI: 10.1037/0022-3514.36.11.1344.

Gergen, K. J. (1985). The social constructionist movement in modern psychology. *American Psychologist, 40,* 266-275. DOI: 10.1037/0003-066X.40.3.266.

Gergen, K. J. (1996/1997). *Realidades y relaciones: Aproximaciones a la construcción social.* Barcelona: Paidós Ibérica.

Gergen, K. J. (2006a). *El yo saturado. Dilemas de identidad en el mundo contemporáneo.* Barcelona: Paidós Ibérica.

Gergen, K. J. (2006b). *Therapeutic realities, collaboration, oppression and relational flow.* Chagrin Falls, OH: Taos Institute Publications.

Gergen, K. J. (2015). *El ser relacional: más allá del yo y de la comunidad* (2015). Bilbao: Desclée De Brouwer.

Gergen, K. J. (2024). *Una invitación a la construcción social.* Barcelona: Montaber.

Gergen, K. J., Hoffman, L. y Anderson, H. (1996). Is diagnosis a disaster? A constructionist trialogue. En F. W. Kaslow (ed.), *Handbook of relational diagnosis and dysfunctional family patterns* (pp. 102-118). Hoboken, NJ: John Wiley & Sons.

Gergen, K. J., McNamee, S. y Barrett, F. J. (2001). Toward a vocabulary of transformative dialogue. *International Journal of Public Administration, 24,* 697-707.

Gergen, K. J. y Ness, O. (2016). Therapeutic practice as social construction. En M. O'Rilley y J. N. Lester (eds.), *The Palgrave handbook of adult mental health* (pp. 502-519). Londres: Palgrave Macmillan.

Goldsmith, B. L. (2020). Turbulent times inside and outside the consulting room: The politics of polarization and hate and the illusion of the therapist's freedom from impingement. *Journal of Humanistic Psychology, 60*(6), 747-760. DOI: 10.1177/0022167820913358.

Good, G. E., Gilber, L. A. y Scher, M. (1990). Gender aware therapy: A synthesis of feminist therapy and knowledge about gender. *Journal of Counseling and Development, 68,* 376-380. DOI: 10.1002/j.1556-6676.1990.tb02514.x.

Goodman, N. (1975). Words, works, worlds. *Erkenntnis, 9*(1), 57-73. DOI: 10.1007/BF00223133.

Grandesso, M. (2015). Integrative community therapy: A collective space of dialogical conversation and collaborative exchanges. En E. F. Rasera (ed.), *Social constructionist perspectives on group work* (pp. 123-133). Chagrin Falls, OH: Taos Institute Publications.

Grandesso, M. (2020). Integrative community therapy: Creating a communitarian context of generative and transformative conversations. En S. McNamee, M. Gergen, C. Carmargo-Borges y E. F. Rasera (eds.), *The SAGE handbook of social constructionist practice* (pp. 183-192). Londres: Sage.

Greenspan, P. S. (1995). *Practical guilt.* Oxford: Oxford University Press.

Hacking, I. (2001). *¿La construcción social de qué?* Barcelona: Paidós Ibérica.

Håkansson, C. (2015). The extended therapy room. *European Journal of Psychotherapy & Counseling, 17*(4), 384-401. DOI: 10.1080/13642537.2015.1094503.

Hari, J. (2015). *Tras el grito: un relato revolucionario y sorprendente sobre la verdadera historia de la guerra contra las drogas.* Barcelona: Paidós Ibérica.

Harper, G. W. (2010). A journey towards liberation: Confronting heterosexism and the oppression of lesbian, gay, bisexual and transgendered people. En G. Nelson e I. Prilleltensky (eds.), *Community psychology: in pursuit of liberation and well-being* (pp. 407-430). Nueva York: Palgrave Macmillan.

Hayward, M, y May, R. (2007). Daring to talk back: Is the experience of hearing voices ordinary or extraordinary? *Mental Health Practice, 10*(9), 12-15. DOI: 10.7748/mhp2007.06.10.9.12.c4308.

Herek, G. M. (1995). Psychological heterosexism in the United States. En A. R. D'Augelli y C. J. Patterson (eds.), *Lesbian, gay, and bisexual identities over the lifespan: psychological perspectives* (pp. 321-346). Oxford, UK: Oxford University Press.

Herzig, M. y Chasin, L. (2006). *Fostering dialogue across divides.* Watertown, MA: Public Conversations Project.

Hoffman, L. (1987). *Fundamentos de la terapia familiar.* Madrid: Fondo de Cultura Económica de España.

Hoffman, L. (2001). *Family therapy: an intimate history*. Londres: W. W. Norton & Co.

Holzman, L. (2015). *A report on community outreach: Lay opinions on emotional distress and diagnosis*. Extraído de: https://loisholzman.org/2015/01/lay-people-and-emotional-distress/ (26 de enero de 2015).

Holzman, L. (2020). Constructing social therapeutics. En S. McNamee, M. Gergen, C. Camargo-Borges y E. F. Rasera (eds.), *The SAGE handbook of social constructionist practice* (pp. 171-182). Londres: Sage.

Holzman, L. y Méndez, R. (2003). *Psychological investigations: a clinician's guide to social therapy*. Nueva York: Brunner-Routledge.

Hoyt, M. F. y Talmon, M. (eds.). (2014). *Capturing the moment: single session therapy and walk-in services*. Bancyfelin, Wales: Crown House Publishing.

Israeli, A. L. y Santor, D. A. (2000). Reviewing effective components of feminist therapy. *Counselling Psychology Quarterly, 13*(3), 233-247. DOI: 10.1080/095150700300091820.

Jordan, L. S. y Seponski, D. M. (2017). Public participation: Moving beyond the four walls of therapy. *Journal of Marital and Family Therapy, 44*(1), 5-18. DOI: 10.1111/jmft.12240.

Katz, A. M. y Alegría, M. (2009). The clinical encounter as a local moral world: Shifts of assumptions and transformation in relational context. *Social Science & Medicine, 68*, 1238-1246. DOI: 10.1016/j.socscimed.2009.01.009.

Lannamann, J. W. (1998). Social construction and materiality: the limits of indeterminacy in therapeutic settings. *Family Process, 37*(4), 393-413. DOI: 10.1111/j.1545-5300.1998.00393.x.

Lannamann, J. W. y McNamee, S. (2011). Narratives of the interactive moment. *Narrative Inquiry, 21*(2), 382-390. DOI: 10.1177/0018726704045839.

Larner, G. (2004). Family therapy and the politics of evidence. *Journal of Family Therapy, 26*(1), 17-39. DOI: 10.1111/j.1467-6427.2004.00265.x.

Laszloffy, T. A. y Hardy, K. V. (2000). Uncommon strategies for a common problem: addressing racism in family therapy. *Family Process, 39*(1), 35-50. DOI: 10.1111/j.1545-5300.2000.39106.x.

Littlejohn, S. y Foss, K. A. (2008). *Theories of human communication.* Boston, MA: Cengage Learning.

Lowry, J. L. y Ross, M. J. (1997). Expectations of psychotherapy duration: How long should psychotherapy last? *Psychotherapy: Theory, Research, Practice, Training, 34*(3), 272-277. DOI: 10.1037/h0087657.

Lyotard, J. F. (1984). *La condición posmoderna.* Madrid: Cátedra.

Mackay, N. (2003a). Psychotherapy and the idea of meaning. *Theory and Psychology, 13*, 359-386.

Mackay, N. (2003b). On "just not getting it." *Theory and Psychology, 13*, 411-419. DOI: 10.1177/0959354303013003004.

Mackie, K. L. y Boucher, M. (2018). Just supervision: Thinking about clinical supervision that moves towards social justice. En C. Audet y D. Paré (eds.), *Social justice and counseling* (pp. 57-68). Nueva York: Routledge.

Macpherson, C. B. (2005). *La teoría política del individualismo posesivo. De Hobbes a Locke.* Madrid: Editorial Trotta.

Madigan, S. (2007). Anticipating hope within written and naming domains of despair. En C. Flaskas, I. McCarthy y J. Sheehan (eds.), *Hope and despair in narrative and family therapy: adversity, forgiveness and reconciliation* (pp. 100-112). Londres y Nueva York: Routledge.

Madigan, S. (2019). *Narrative therapy* (2nd ed.). Washington, DC: American Psychological Association.

Madigan, S. y Epston, D. (1995). From "psychiatric gaze" to communities of concern: from professional monologue to dialogue. En S. Friedman (ed.), *The reflecting team in action: collaborative practice in family therapy* (pp. 257-276). Nueva York: Guilford Press.

Mantzoukas, S. (2007). The evidence-based practices ideologies. *Nursing Philosophy, 8*(4), 244-255. DOI: 10.1111/j.1466-769X.2007.00321.x.

Martins, P. P. S., Doricci, G. C., Guanaes-Lorenzi, C. y Ness, O. (2023). Collaboration and politics: Can a therapist work coherently while being informed by both collaborative-dialogic and narrative practices?. *European Journal of Psychotherapy & Counselling, 24*(4), 473-489. DOI: 10.1080/13642537.2023.2175886

Martins, P. P. S., McNamee, S. y Guanaes-Lorenzi, C. (2014). Family as a discursive achievement: A relational account. *Marriage & Family Review, 50*, 621-637. DOI: 10.1080/01494929.2014.938290.

Martins, P. P. S., McNamee, S. y Guanaes-Lorenzi, C. (2017). Conversational resources for clinical practice with families: social construction in action. *Australian and New Zealand Journal of Family Therapy, 38*(3), 433-445. DOI: 10.1002/anzf.1231.

McNamee, S. (1996). Out of the head and into the discourse: Therapeutic practice as relational engagement. En H. Anderson *et al.* (eds.), *Dialog og refleksjon. Festskrift til Tom Andersens 60* års *dag* (pp. 118-130). Tromso: Universidad de Tromso.

McNamee, S. (2004a). Promiscuity in the practice of family therapy. *Journal of Family Therapy, 26*(3), 224-244. DOI: 10.1111/j.1467-6427.2004.00280.x

McNamee, S. (2004b). Therapy as social construction. En T. Strong y D. Paré (eds.), *Furthering talk: advances in the discursive therapies* (pp. 1-28). Nueva York: Kluwer Academic/Plenum Press.

McNamee, S. (2008). Transformative dialogue: coordinating conflicting moralities. The Lindberg Lecture, Murkland Hall, University of New Hampshire, 8 de mayo, 2008.

McNamee, S. (2009). Postmodern psychotherapeutic ethics: Relational responsibility in practice. *Human Systems, 20*(1), 57-71.

McNamee, S. (2015a). Ethics as discursive potential. *The Australian and New Zealand Journal of Family Therapy, 36*, 419-433. DOI: 10.1002/anzf.1125.

McNamee, S. (2015b). Radical presence: alternatives to the therapeutic state. *European Journal of Psychotherapy & Counselling, 17*(4), 373-383. DOI: 10.1080/13642537.2015.1094504.

McNamee, S. y Gergen, K. J. (eds.). (1996). *La terapia como construcción social.* Barcelona: Paidós Ibérica.

McNamee, S. y Gergen, K. J. (1999). *Relational responsibility: resources for sustainable dialogue.* Thousand Oaks: Sage.

McNamee, S. y Hosking, D. M. (2012). *Research and social change: a relational constructionist approach.* Nueva York: Routledge.

Miller, M. J., Keum, B. T., Thai, C. J., Lu, Y., Truong, N. N., Huh, G. A., Li, X., Yeung, J. G. y Ahn, L. H. (2018). Practice recommendations for addressing racism: a content analysis of the counseling psychology literature. *Journal of Counseling Psychology, 65*(6), 669-680. DOI: 10.1037/cou0000306.

Naciones Unidas (2018). *Hacer las promesas realidad: la igualdad de género en la Agenda 2030 para el Desarrollo Sostenible.* Nueva York: Naciones Unidas. Disponible en: https://www.unwomen.org/es/digital-library/publications/2018/2/gender-equality-in-the-2030-agenda-for-sustainable-development-2018.

Ness, O., Borg, M., Semb, R. y Karlsson, B. (2014). "Walking alongside": collaborative practices in mental health and substance use care. *International Journal of Mental Health Systems, 8,* 55. DOI: 10.1186/1752-4458-8-55.

Ness, O. y Strong, T. (2014). Relational consciousness and the conversational practices of Johnella Bird. *Journal of Family Therapy, 36,* 81-102. DOI: 10.1111/j.1467-6427.2011.00567.x.

Olson, M., Seikkula, J. y Ziedonis, D. (2014). *The key elements of dialogic practice in Open Dialogue.* Worcester, MA: The University of Massachusetts Medical School.

Paljakka, S. (2018). A house of good words: a prologue to the practice of writing poems as therapeutic documents. *Journal of Narrative Family Therapy, Special Release,* 49-71.

Pearce, W. B. (2007). *Making social worlds: a communication perspective.* Malden, MA: Blackwell Publishing.

Pender, R. L. y Stinchfield, T. (2012). A reflective look on reflecting teams. *The Family Journal: Counselling and Therapy for Couples and Families, 20*(2), 117-122. DOI: 10.1177/1066480712438526.

Peretti, A. G., Martins, P. P. S. y Guanaes-Lorenzi, C. (2013). The management of social problems talk in a support group. *Psicologia & Sociedade, 25*(n. spe.), 101-110. DOI: 10.1590/S0102-71822013000500012.

Prado, M. A. M. (2018). *Ambulare.* Belo Horizonte, Brasil: PPGCOM UFMG.

Rasera, E. F. (2006). Therapeutic stances in the construction of an AIDS/ NGO: the psychologist as a partner. *AI Practitioner, 34*, 33-36.

Rasera, E. F. (2020). Construcionismo social e trabalho comunitário: conflito, *diálogo e* participação. *Psicologia & Sociedade,* 32, e219692. Epub mayo 18, 2020. DOI: 10.1590/1807-0310/2020v32219692.

Ratts, M. J. y Pedersen, P. B. (2014). *Counseling for multiculturalism and social justice: integration, theory, and application.* Alexandria, VA: American Counseling Association.

Rober, P. (2008). The therapist's inner conversation in family therapy practice: struggling with the complexities of therapeutic encounters with families. *Person-Centered & Experiential Psychotherapies, 7*(4), 245-261. DOI: 10.1080/14779757.2008.9688471.

Romme, M. A. y Escher, A. D. (1989). Hearing voices. *Schizophrenia Bulletin, 15*(2), 209-216. DOI: 10.1093/schbul/15.2.209.

Rorty, R. (1999). *Philosophy and social hope.* Nueva York: Penguin.

Rose, N. (2019). *La invención del sí mismo. Poder, ética y subjetivación.* Santiago de Chile: Editorial Pólvora.

Sampson, E. E. (1993). *Celebrating the other.* Boulder, CO: Westview Press.

Seikkula, J., Alakare, B. y Aaltonen, J. (2001). Open dialogue in psychosis I: an introduction and case illustration. *Journal of Constructivist Psychology, 14*(4), 247-265. DOI: 10.1080/10720530125965.

Seikkula, J., Arnkil, T. E. y Erikson, E. (2003). Postmodern society and social networks: Open and anticipation dialogues in network meetings. *Family Process, 42*(2), 185-203. DOI: 10.1111/j.1545-5300.2003.42201.x.

Selvini Palazzoli, M. S., Boscolo, L., Cecchin, G. y Prata, G. (1988). *Paradoja y contraparadoja.* Barcelona: Paidós Ibérica.

Selvini Palazzoli, M. S., Boscolo, L., Cecchin, G. y Prata, G. (1980). Hypothesizing - circularity - neutrality: three guidelines for the conductor of the session. *Family Process, 19*(1), 3-12.

Shotter, J. (2007). Not to forget Tom Andersen's way of being Tom Andersen: the importance of what "just happens" to us. *Human Systems, 18*, 15-28.

Shotter, J. (2008). *Conversational realities revisited: Life, language, body and world*. Chagrin Falls, OH: Taos Institute Publications.

Shotter, J. (2012). More than cool reason: "withness-thinking" or "systemic thinking" and "thinking about systems." *International Journal of Collaborative Practices, 3*(1), 1-13.

Sluzki, C. (2010). Personal social networks and health: conceptual and clinical implications of their reciprocal impact. *Family Systems & Health, 28*(1), 1-18. DOI: 10.1037/a0019061.

Solomonov, N. y Barber, J. P. (2019). Conducting psychotherapy in the Trump era: therapists' perspectives on political self-disclosure, the therapeutic alliance, and politics in the therapy room. *Journal of Clinical Psychology, 75*, 1508-1518. DOI: 10.1002/jclp.22801.

Sprenkle, D. H., Davis, S. D. y Lebow, J. L. (2013). *Common factors in couple and family therapy: the overlooked foundation for effective practice*. Nueva York/Londres: Guilford Press.

St George, S. y Wulff, D. (eds.). (2016). *Family therapy as socially transformative practice: practical strategies* (AFTA SpringerBriefs in Family Therapy). Nueva York: Springer International.

St George, S., Wulff, D. y Tomm, K. (2015). Research as daily practice: introduction to the special section. *Journal of Systemic Therapies, 34*(2), 1-2. DOI: 10.1521/jsyt.2015.34.2.1.

Stewart, J. y Zediker, K. (2000). Dialogue as tensional, ethical practice. *Southern Communication Journal, 65*, 224-242. DOI: 10.1080/10417940009373169.

Stone, M. R. (2013). *"Somebody better put their pants on and be talking about it": White therapists who identify as anti-racist addressing racism and racial identity with White clients*. Master's thesis, Smith College, Northampton, MA. Disponible en: https:// scholarworks.smith.edu/theses/605.

Strong, T. (2009). Wordsmithing in counselling? *European Journal of Psychotherapy & Counselling, 8*(3), 251-268. DOI: 10.1080/13642530600878212.

Strong, T. (2021). Models of psychotherapy in mental health. En J. N. Lester y M. O'Reilly (eds.), *The Palgrave encyclopedia of critical perspectives on mental health*. Cham, Suiza: Palgrave Macmillan.

Teixeira, F. B. *et al.* (2018). Estratégias de resistência, existência e invenções de uma prática: Entre um cotidiano de miudezas e um cuidado afetado. En P. R. C. Ribeiro, J. C. Magalhães, F. Seffner y T. Vilaça (eds.), *Corpo, gênero e sexualidade: Resistência e ocupa(ações) nos espaços de educação* (pp. 141-157). Río Grande, Brasil: Editora da FURG.

Thomason, T. C. (2010). The trend toward evidence-based practice and the future of psychotherapy. *American Journal of Psychotherapy, 64*(1), 29-38. DOI: 10.1176/appi.psychotherapy.2010.64.1.29.

Tilsen, J. (2013). *Therapeutic conversations with queer youth: transcending homonormativity and constructing preferred identities.* Plymouth, MA: Rowman & Littlefield.

Tomm, K. (1988). Interventive interviewing: Part III. Intending to ask lineal, circular, strategic, or reflexive questions? *Family Process, 27*(1), 1-15. DOI: 10.1111/j.1545-5300.1988.00001.x.

Tomm, K., St George, S., Wulff, D. y Strong, T. (2014). *Patterns in interpersonal interactions.* Nueva York: Routledge.

Vicente, A. T., Japur, M., César, A. B. C., Ruffino, C. M. C. y Russo, R. (2015). The construction of the conversational context of the group. En E. F. Rasera (ed.), *Social constructionist perspectives on group work* (pp. 61-70). Chagrin Falls, OH: Taos Institute Publications.

Von Foerster, H. (1979). Cybernetics of cybernetics. En K. Krippendorff (ed.), *Communication and control* (pp. 5-8). Nueva York: Gordon and Breach.

Von Peter, S., Aderhold, V., Cubellis, L., Bergström, T., Stastny, P., Seikkula, J. y Puras, D. (2019). Open dialogue as a human rights-aligned approach. *Frontiers in Psychiatry, 10*, 387. DOI: 10.3389/fpsyt.2019.00387.

Waldergrave, C. (2012). Developing a "just therapy": context and the ascription of meaning. En A. Lock y T. Strong (eds.), *Discursive perspectives in therapeutic practice* (pp. 196-211). Oxford, UK: Oxford University Press.

Watzlawick, P., Weakland, J. y Fisch, R. (2003). *Cambio. Formación y solución de los problemas humanos.* Barcelona: Herder.

Weingarten, K. (2000). Witnessing, wonder and hope. *Family Process*, *39*(4), 389-402. DOI: 10.1111/j.1545-5300.2000.39401.x.

White, M. (2016). *Mapas de la práctica narrativa*. Santiago de Chile: PRANAS Chile Ediciones

White, M. y Epston, D. (1993). *Medios narrativos para fines terapéuticos*. Barcelona: Paidós Ibérica.

Winslade, J. (2018). Counselling and social justice: what are we working for? En C. Audet y D. Paré (eds.), *Social justice and counseling* (pp. 16-28). Nueva York: Routledge.

Wittgenstein, L. (2009/1953). *Investigaciones filosóficas*. Madrid: Trotta.

Wittgenstein, L. (2012/1922). *Tractatus logico-philosophicus*. Madrid: Editorial Gredos.

Worell, J. y Remer, P. (2002). *Feminist perspectives in therapy: empowering diverse women* (2.ª ed.). Hoboken, NJ: John Wiley and Sons.

Wulff, D. y St George, S. (2018). "Social Justice" as relational talk. En C. Audet y D. Paré (eds.), *Social justice and counseling* (pp. 111-123). Nueva York: Routledge.

Yourman, D. B. (2018). A Marxist therapist treats a Trump-supporting client: a tale of politics and psychotherapy. *Journal of Clinical Psychology*, *74*, 766-773. DOI: 10.1002/jclp.22607.

Índice onomástico

Otros títulos publicados

Ideología y opiniones
Estudios de psicología
retórica
Michael Billig

El imperativo relacional
Recursos para un mundo al
límite
Kenneth J. Gergen

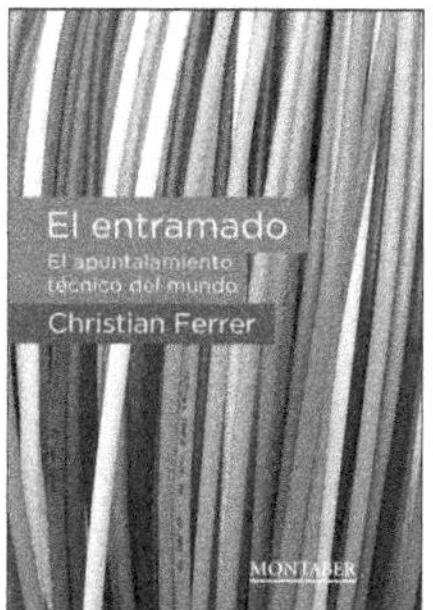

El entramado
El apuntalamiento técnico
del mundo
Christian Ferrer

Los estudios culturales
Fredric Jameson

Apocalipsis
Karl Kraus

El Falansterio
La utopía de la felicidad social
Charles Fourier

**La cooperación entre
el alumnado**
Sylvain Connac

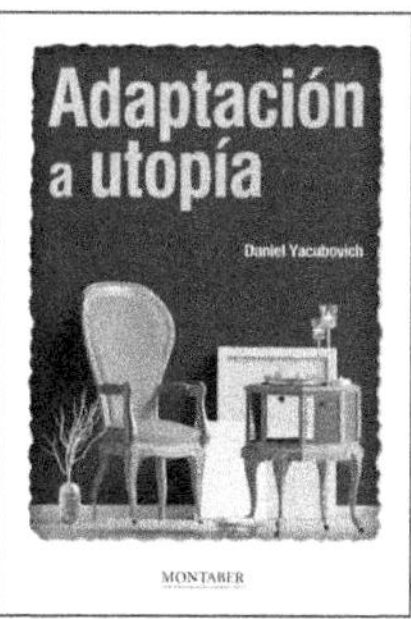

Adaptación a utopía
Daniel Yacubovich

**El fin de las pequeñas
historias**
Eduardo Grüner

MONTABER   Tel. +34-931 429 486 – montaber@montaber.es – www.montaber.es

www.ingramcontent.com/pod-product-compliance
Lightning Source LLC
LaVergne TN
LVHW010317200726
843507LV00010B/1258